start klar

Deutsch für Jugendliche

Themenbuch B1

LMVZ

Inhaltliche Projektleitung
Claudio Nodari
(Institut für Interkulturelle Kommunikation)

Autorenteam
Franziska Meyer
Claudia Neugebauer
Claudio Nodari
David Romero
Janine Sobernheim
Ursina Tones
Rahel Wolfensberger

Projektleitung LMVZ
Florian Gelzer
Beat Oderbolz
Natalie Peyer

Fachexpertise
Elisabeth Ambühl-Christen
Barbara Somenzi
Yvonne Tucholski

Begleitgruppe Lehrpersonen
Ruedi Beglinger
Stefan Graf
Ana Iglesias

Rechteabklärung
Thomas Altnöder

Gestaltung und Satz
l'équipe [visuelle] GmbH

Illustrationen
Kati Rickenbach

© 2020 Lehrmittelverlag Zürich
1. Auflage 2020
In der Schweiz klimaneutral gedruckt auf FSC-Recyclingpapier
ISBN 978-3-03713-802-1

www.lmvz.ch
Digitale Lehrmittelteile: digital.lmvz.ch

 Koordination mit der
Interkantonalen Lehrmittelzentrale

Inhaltsverzeichnis

Verwendete Piktogramme

Track mit der Nummer T5 abspielen	🔊 T5
Zu zweit arbeiten	
In Gruppen arbeiten	
Auf ein separates Blatt schreiben	
Im Arbeitsheft weiterarbeiten	A
Verweis auf Zusatzmaterial	
Lerntechnik «Hören und mitlesen» anwenden	
Lerntechnik «Auswendig lernen» anwenden	
Lerntechnik «Einen Vortrag üben» anwenden	

1 Das ist mir wichtig

Inhalt

Das kann ich.

Ich kann eine Radiosendung zum Thema Glücklichsein verstehen.	☺	😐	☹
Ich kann ein Interview mit einer bekannten Persönlichkeit lesen und verstehen.	☺	😐	☹
Ich kann sagen, wenn mich etwas stört, und es begründen.	☺	😐	☹
Ich kann einen Vortrag über eine Persönlichkeit halten.	☺	😐	☹
Ich kann ein Selbstporträt schreiben.	☺	😐	☹

Was macht dich glücklich?

1 Notier drei konkrete Situationen, in denen du glücklich bist.

Ich bin glücklich, wenn _____

_____

_____

2 Lest euch gegenseitig die Sätze aus Aufgabe 1 vor. In welche Kategorie passen eure Sätze? Diskutiert wie im Beispiel.

> Ich bin glücklich, wenn ich mir etwas kaufen kann. Das passt in die Kategorie «Alltägliches».

> Das ist eine Möglichkeit. Es würde aber auch in die Kategorie «Konsum» passen.

> Ich bin glücklich, wenn ich mit Freunden Sport mache. Das passt in mehrere Kategorien, zum Beispiel in die Kategorien «Bewegung» oder «Freunde» oder ....

1. Alltägliches	4. Familie	7. Frieden	10. Liebe
2. Bewegung	5. Freizeit	8. Geld	11. Natur
3. Erfolg	6. Freunde	9. Konsum	12. Sicherheit

3 Hör die Umfrage zum Thema Glück zwei Mal. Notier in Stichworten, was die Personen glücklich macht.

Person 1: _____

Person 2: _____

Person 3: _____

Person 4: _____

Person 5: _____

Person 6: _____

4 Hör die Umfrage von Aufgabe 1 mehrere Male. Welche Kategorie passt zu dem, was die Leute sagen? Kreuz an. Es gibt mehrere Möglichkeiten für jede Person.

	Person 1	Person 2	Person 3	Person 4	Person 5	Person 6
1. Alltägliches	☐	☐	☐	☐	☐	☐
2. Bewegung	☐	☐	☐	☐	☐	☐
3. Erfolg	☐	☐	☐	☐	☐	☐
4. Familie	☐	☐	☐	☐	☐	☐
5. Freizeit	☐	☐	☐	☐	☐	☐
6. Freunde	☐	☐	☐	☐	☐	☐
7. Frieden	☐	☐	☐	☐	☐	☐
8. Geld	☐	☐	☐	☐	☐	☐
9. Konsum	☐	☐	☐	☐	☐	☐
10. Liebe	☐	☐	☐	☐	☐	☐
11. Natur	☐	☐	☐	☐	☐	☐
12. Sicherheit	☐	☐	☐	☐	☐	☐

5 Schreib einen Kommentar zu deinen Ergebnissen von Aufgabe 4. Benütz dazu die Beispielsätze.

In meiner Tabelle kommt die Kategorie ... am häufigsten vor.
Die Kategorie ... kommt häufiger als die Kategorie ... vor.
Die Kategorie ... kommt weniger oft als die Kategorie ... vor.
Die Kategorie ... kommt sehr wenig vor.
Mich erstaunt, dass die Kategorie ... so wenig vorkommt, weil ...
Mich erstaunt auch, dass die Kategorie ... so häufig vorkommt, weil ...

6 Bearbeite im Arbeitsheft auf Seite 7 das Kapitel «Nebensatz mit Relativpronomen».

A

Das machen, was man wirklich will

1 Lies den Titel vom Interview auf Seite 9 und schau das Bild an. Was kommt dir dazu in den Sinn? Notier Stichworte.

Party machen

2 Lies den Lead, das heisst den Abschnitt unter dem Titel vom Interview. Ergänz weitere Stichworte in Aufgabe 1.

3 Lies die folgenden Zwischentitel. Zu welchen Abschnitten gehören sie? Lies das ganze Interview auf Seite 9 und notier die Zeilennummern.

Zwischentitel	Zeilennummern
Wichtige Ereignisse in der Jugend	Zeilen ____ bis ____
Sein Weg zur Musik	Zeilen ____ bis ____
Ratschläge	Zeilen ____ bis ____
Kindheit und Jugend	Zeilen ____ bis ____

4 Lies die erste Frage und die Antwort im Interview. Markier, wo Dodo geboren ist, wann er in die Schweiz gekommen und wo er aufgewachsen ist.

5 Lies die zweite Frage und die Antwort. Markier die vier Etappen der Musikkarriere von Dodo.

6 Lies die dritte Frage und den ersten Teil der Antwort. Markier die Krankheit, von der Dodo erzählt, und die Erklärung, was diese Krankheit bedeutet, mit Gelb. Markier mit Grün, wie Dodo mit dieser Krankheit umgeht.

7 Lies den zweiten Teil der Antwort auf die dritte Frage. Markier die Krankheit mit Gelb und wie Dodo wieder gesund wurde mit Grün. Markier mit Blau, was er aus der Erfahrung gelernt hat.

8 Lies die vierte Frage und die Antwort. Notier die beiden Ratschläge von Dodo in eigenen Worten.

erster Ratschlag: _____

_____

zweiter Ratschlag: _____

_____

9 Lies nochmals das ganze Interview. Schreib zu jeder Antwort ein bis zwei Sätze, die den Inhalt zusammenfassen.

10 Bearbeite im Arbeitsheft auf Seite 10 das Kapitel «Nebensatz mit Relativpronomen und Präposition».

Dodo und die Musik

Dodo ist Reggaesänger und Musikproduzent und heisst mit bürgerlichem Namen Dominik Jud. Er schaut im Interview zurück und erklärt, was ihn in seiner Jugend besonders geprägt hat.

1 **Erzählen Sie uns doch zuerst ganz kurz etwas von Ihrem Leben: Wie und wo sind Sie aufgewachsen? Welche Ausbildung haben Sie gemacht?**

Meine Eltern sind Deutschschweizer, aber ich
5 bin in Kenia zur Welt gekommen. Aufgewachsen bin ich allerdings in Wallisellen. Als ich sieben Jahre alt war, sind wir in die Schweiz gezogen, weil mein Vater an Krebs erkrankt war. Leider ist er auch bald darauf verstorben. Was die Ausbildung angeht, hab ich nach
10 der Sek die Handelsmittelschule besucht.

Und wie sind Sie zur Musik gekommen?

Da schon meine Eltern Reggae liebten, hörte ich diesen Musikstil bereits als Kind. Mit 13 Jahren war ich dann von Hip-Hop begeistert und begann zum
15 Spass, erste Texte zu schreiben. Meine ersten Auftritte hatte ich dann mit 16 an kleinen Konzerten in Jugendhäusern und mit 19 Jahren habe ich mein erstes Minialbum aufgenommen. Heute bin ich Musikproduzent, das heisst, ich produziere und
20 schreibe Lieder für andere Gruppen und natürlich auch für mich selbst.

Was war in Ihrer Jugendzeit wichtig und hat Ihr Leben geprägt?

Ich hatte zwei prägende Erlebnisse, die mit mei-
25 ner Gesundheit zu tun haben. Mit 18 Jahren habe ich einen Tinnitus bekommen. Ich habe ständig ein Pfeifen im Ohr gehört. Das passierte, weil ich an Konzerten zu laute Musik gehört hatte. Ich war bei vielen Ärzten, aber niemand konnte mir helfen. Eines Tages
30 habe ich Herrn Doktor Kellerhans kennen gelernt.

Er hat mir gesagt: «Du hast zwei Möglichkeiten: Du kannst viel Energie aufwenden, um gegen den Tinnitus zu kämpfen. Diesen Kampf gewinnst du vielleicht, vielleicht aber auch nicht. Oder du akzeptierst deinen
35 Tinnitus. Das heisst, du machst deinen Feind zu deinem Freund.» Ich habe das Zweite versucht. Heute habe ich noch immer dieses Pfeifen im Ohr, aber es stört mich nicht mehr. Es ist wie ein Freund, der mir im Ohr liegt. Diese Einstellung hat mir in meinem
40 Leben immer wieder geholfen: Wenn ich ein Problem nicht lösen kann, akzeptiere ich es.

Das andere wichtige Erlebnis war eine lange Reise durch den afrikanischen Kontinent. In Mosambik bin ich an Malaria erkrankt. Ich war mitten im
45 Dschungel, es gab kein Spital und keine Telefonverbindung. Ich wusste nicht, welche Medikamente ich nehmen durfte, und hatte Angst, dass ich das nicht überleben würde. Dann kam ein Wanderdoktor vorbei und half mir, gesund zu werden. Danach war ich
50 sehr glücklich darüber, überhaupt noch am Leben zu sein, und sagte mir: Das Leben ist kurz, jetzt mache ich endlich, was ich wirklich will. Ich entschied mich, Musik zu meinem Beruf zu machen, auch wenn das nicht einfach ist. Es hat dann auch 15 Jahre gedauert,
55 bis ich von der Musik leben konnte.

Können Sie aufgrund Ihrer Erfahrungen den Jugendlichen von heute Tipps auf den Weg geben?

Ich rate den Jungen von heute, das zu tun, was sie wirklich gerne machen. Wenn es etwas gibt, was dir
60 guttut und anderen nicht schadet, dann mach es! Konzentrier dich darauf und kämpf dafür! Es ist nicht wichtig, wie schnell du dein Ziel erreichst. Der Weg dorthin macht das Leben spannend.

Mein zweiter Tipp ist: Verbring deine Zeit mit
65 Menschen, mit denen du dich wohlfühlst! Wenn dir jemand nicht guttut, dann geh der Person aus dem Weg, auch wenn du dann vielleicht in einer Gruppe nicht mehr dazugehörst. Irgendwann merkst du, dass du dort dazugehörst, wo du dich wohlfühlst.

Das stört mich!

T2

1 **Hör den Dialog und lies mit. Klär die Wörter.**

💬 Hey, ich habe 15 Minuten auf dich gewartet! Warum hast du nicht geschrieben, dass du zu spät kommst?

💬 Ach, 15 Minuten ist doch nicht lang. Warum regst du dich so auf?

💬 Ich finde es respektlos, zu spät zu kommen! Das macht man einfach nicht.

💬 Das sehe ich anders. Klar, wenn man ein Vorstellungsgespräch hat, muss man unbedingt pünktlich sein. Aber unter uns hat das doch nichts mit Respekt zu tun! 15 Minuten sind unter Freunden doch kein Problem!

💬 Doch, für mich ist es ein Problem, wenn ich eine Viertelstunde warten muss! Ich lasse dich ja auch nicht warten! Ich bin extra auf den Bus gerannt, damit ich pünktlich bin. Diesen Stress hätte ich mir sparen können, wenn ich gewusst hätte, dass du so viel zu spät kommst.

💬 Aber warum machst du dir denn überhaupt so einen Stress? Warum hast du nicht einfach den nächsten Bus genommen? Ich wäre nicht beleidigt, wenn ich mal eine Viertelstunde warten müsste.

💬 Das kann ich mir nicht vorstellen. Wenn man jemanden warten lässt, heisst das doch, dass die Person nicht wichtig ist.

💬 Wie kommst du denn darauf? Wir wissen doch, dass wir gute Freunde sind und dass wir für einander wichtig sind! Das hat für mich nichts mit Pünktlichkeit zu tun.

💬 Doch, für mich schon. Für mich ist Pünktlichkeit ein Zeichen von Respekt. Das ist in meiner Familie so und bei meinen Freundinnen auch. Und ausserdem: In der Schule ist es auch selbstverständlich, dass man pünktlich ist. Warum also sonst nicht?

💬 Ja, dass es in der Schule wichtig ist, habe ich auch gemerkt. Am Anfang hatte ich oft Ärger mit meinem Lehrer, weil ich zu spät kam. Aber in meiner Familie ist das einfach nicht so wichtig. Da nehmen es alle lieber gemütlich. Und wenn es mal etwas länger dauert, wird auch niemand sauer deswegen.

💬 Ich glaube, ich verstehe langsam den Unterschied. Für dich ist einfach etwas anderes normal als für mich. Das habe ich mir so noch gar nie überlegt. Trotzdem, ich mag es einfach nicht, wenn ich mit jemandem abgemacht habe und dann warten muss!

💬 Das habe ich jetzt auch verstanden. Kann ich das wiedergutmachen, wenn ich dich auf ein Eis einlade?

💬 Na gut, gehen wir. Aber könntest du trotzdem das nächste Mal ...

💬 ... wenigstens eine Nachricht schreiben, wenn ich zu spät komme? Schon klar, versprochen!

2 Lernt den Dialog aus Aufgabe 1 fast auswendig und spielt ihn der Klasse vor.

3 Lest die folgenden Situationen und die Formulierungen für Gespräche. Klärt die Wörter. Wählt eine Situation und schreibt einen Dialog. Benützt dazu die Formulierungen für Gespräche.

Situation 1

Person A war mit Kolleginnen und Kollegen an einem Konzert. Person B hat nichts davon gewusst und ist jetzt sauer, weil er/sie nicht über das Konzert informiert wurde. B denkt, dass man ihn/sie nicht dabeihaben wollte. Aber A hatte einfach vergessen, B zu informieren.

Situation 2

Person A spricht bei Person B schlecht über einen Kollegen. B stört das und findet, A soll dem Kollegen direkt sagen, was ihn/sie stört. B will von A keine Kritik mehr über den Kollegen hören.

Situation 3

Person A hat in sozialen Medien Fotos hochgeladen, auf denen auch Person B abgebildet ist. B ist damit nicht einverstanden und deshalb wütend auf A. A versteht nicht, warum das für B ein Problem ist.

Situation 4

Person A will von Person B die Hausaufgaben abschreiben. Es ist nicht das erste Mal. A macht die Hausaufgaben oft nicht und will sie dann kurz vor dem Unterricht abschreiben. B ist genervt und findet, dass das so nicht mehr weitergeht.

Formulierungen für Gespräche	
die eigene Meinung ausdrücken	– Ich finde es respektlos/gemein/unfair, wenn ...
	– Ich finde es nicht in Ordnung, wenn ...
	– Für mich ist es selbstverständlich, dass man ...
	– Es ärgert/stört/nervt mich, wenn ...
	– Das macht man einfach nicht.
nachfragen	– Warum regst du dich so auf?
	– Warum findest du das denn so schlimm?
	– Warum stört dich das?
	– Wie kommst du denn darauf?
	– Warum soll das denn ein Problem sein?
widersprechen	– Das sehe ich anders.
	– Das mag ja sein, aber für mich ...
	– Das kann ich mir nicht vorstellen.
	– Aber für mich ist es (k)ein Problem, wenn ...
	– Das hat für mich nichts mit ... zu tun.
Verständnis zeigen	– Das habe ich mir so noch gar nie überlegt.
	– Ich glaube, ich verstehe langsam, was ...
	– Also gut, ich werde ...
	– Kann ich das wiedergutmachen?

4 Lernt euren Dialog nach der Korrektur auswendig und spielt ihn der Klasse theatralisch vor.

Vortrag: Dodo und die Musik

1 Das Interview auf Seite 9 ist die Grundlage für den Vortrag. Wenn du die Aufgaben dazu auf Seite 8 noch nicht bearbeitet hast, dann lös sie zuerst.

2 Lies das ganze Interview auf Seite 9 nochmals. Schreib die Zwischentitel von Aufgabe 3 auf Seite 8 am Computer auf vier Folien.

3 Lies die Angaben im Schüttelkasten und ordne sie den vier Folien zu. Falls du nicht sicher bist, kannst du im Interview auf Seite 9 nachsehen.

[ ] heute Musikproduzent

[ ] Entscheid: Ich mache, was mir Spass macht.

[ ] in Wallisellen aufgewachsen

[1] in Kenia zur Welt gekommen

[ ] mit 13 Jahren erste Lieder geschrieben

[ ] «Konzentrier dich darauf und kämpf dafür!»

[ ] die Handelsmittelschule besucht

[ ] mit 19 Jahren erste Auftritte

[ ] in Afrika an Malaria erkrankt

[ ] mit 18 Jahren an Tinnitus erkrankt

[ ] «Mach, was du gerne machst und niemandem schadet.»

[ ] «Verbring Zeit mit Leuten, mit denen du dich wohlfühlst!»

4 Gestalte am Computer die vier Folien mit den Angaben aus dem Schüttelkasten in Aufgabe 3 und eventuell mit passenden Bildern aus dem Internet. Gestalte auch eine Titelfolie und eine Schlussfolie.

5 Lies das Interview auf Seite 9 nochmals zwei bis drei Mal laut.

6   **Schreib deinen Vortrag mithilfe der folgenden Formulierungen und lass ihn korrigieren.**

Titelfolie	In meinem Vortrag möchte ich euch … vorstellen.
	Eigentlich heisst er …
	Im Interview, das ich gelesen habe, erzählt er, was …
	Er gibt auch Tipps für …
Folie 1	Dodo ist in Kenia geboren, aber …
	Dort ist er aufgewachsen und …
	Nach der Sek hat er …
Folie 2	Bereits als Kind hat er …
	Mit 13 begann er, … und mit 16 trat er …
	Als er 19 Jahre alt war, …
	Heute arbeitet Dodo als …
Folie 3	Als Jugendlicher hatte Dodo zwei prägende Erlebnisse.
	Mit 18 Jahren bekam er …
	Das ist …
	Er besuchte viele Ärzte, aber …
	Eines Tages hat ihm ein Arzt gesagt, er soll …
	Heute hat Dodo immer noch …, aber es ist wie …
	Auch mit anderen Problemen …
	Das zweite prägende Erlebnis hatte Dodo, als er …
	In Mosambik erkrankte er an … und hatte Angst, dass …
	Ein Wanderdoktor half ihm schliesslich, …
	Danach entschied er, …
	So hat er entschieden, Musik …
Folie 4	Aufgrund seiner Erfahrungen empfiehlt Dodo allen, …
	Wenn man etwas gerne macht und anderen nicht schadet, dann …
	Wichtig ist, dass es …
	Ausserdem empfiehlt er, dass man …
	Er sagt, man gehört immer dorthin, wo …
Schlussfolie	Das war mein Vortrag über Dodo. Danke für eure Aufmerksamkeit.

7   **Bearbeite im Arbeitsheft auf Seite 13 das Kapitel «Einen Vortrag üben» und lern deinen Vortrag nach der Korrektur mit den Folien frei sprechen.**

8   **Halte deinen Vortrag. Das Publikum gibt Rückmeldungen dazu.**

9   **Notier, worauf du beim nächsten Vortrag achten willst.**

_____

_____

_____

_____

_____

_____

_____

_____

Selbstporträt

T3

1 Bearbeite im Arbeitsheft auf Seite 14 das Kapitel «Persönliche Eigenschaften».

2 Hör den Text und lies mit.

Das bin ich

Flavio, 15 Jahre

In wenigen Monaten beginnt für mich ein neuer Lebensabschnitt. Nach der Sekundarschule werde ich mit einer Berufsausbildung beginnen. Ich habe mich für eine Lehrstelle als Fachangestellter Betreuung entschieden, weil ich mich gerne um andere Menschen kümmere. Auf die Arbeit mit älteren Menschen freue ich mich, weil ich viel von ihnen lernen kann.

Aber die Ausbildung und die Arbeit sind ja nur ein Teil des Lebens. Das Wichtigste sind für mich die Menschen, die ich gernhabe. Ich bin nicht gerne allein und fühle mich am wohlsten, wenn ich mit anderen zusammen bin. Mit meinen Eltern und meinem Bruder verstehe ich mich gut und verbringe auch gerne Zeit mit ihnen. Genauso wichtig sind aber meine Freunde – und natürlich meine Freundin, mit der ich seit zwei Monaten zusammen bin.

Ich halte mich für einen einfühlsamen Menschen. Es ist mir nicht egal, wie es den anderen geht. Ungerechtigkeiten kann ich fast nicht ertragen. Wenn ich etwas unfair finde, dann kann ich nicht einfach wegschauen. Ich schreite zum Beispiel ein, wenn in der Schule jemand gemobbt wird. Es bedeutet mir viel, anderen Menschen zu helfen. Das ist sicher eine positive Eigenschaft von mir. Aber manchmal setze ich mich auch unter Druck, weil ich es allen recht machen will. Das geht halt nicht immer. Wenn jemand von mir enttäuscht ist, stresst mich das sehr.

Wenn ich in die Zukunft schaue, dann freue ich mich vor allem auf meine Lehre in einem sozialen Beruf. Ich kann mir vorstellen, später einmal in einem armen Land zu arbeiten, um den Leuten dort zu helfen. Wenn ich ein paar Jahre gearbeitet habe, möchte ich gerne eine Familie gründen. Natürlich mache ich mir manchmal Sorgen, wenn ich über die Zukunft nachdenke. Aber insgesamt bin ich ein Optimist.

3 Lies den Text in Aufgabe 2 nochmals und markier im Balken links die Abschnitte mit den folgenden Farben.

So sehe ich meine Zukunft.   Das ist typisch für mich.

Das ist meine Lebenssituation.   Das ist wichtig für mich.

4 Plan ein Selbstporträt mit den vier Abschnitten aus Aufgabe 3. Notier in Stichworten Ideen zu den vier Abschnitten.

Abschnitt 1:

_____

_____

Abschnitt 2:

_____

_____

Abschnitt 3:

_____

_____

Abschnitt 4:

_____

_____

5 Lies die Textbausteine und markier Formulierungen, die du in deinem Text verwenden kannst.

Beschreib, was im Moment dein Leben prägt.	In wenigen Monaten ... Im Moment beschäftigt mich ... Nach der Sekundarschule ... Ich weiss noch nicht genau ... Derzeit muss ich vor allem ...
Beschreib, was dir wichtig ist im Leben.	Am wichtigsten ist/sind für mich ... Es bedeutet mir viel, dass ... Ich verbringe gerne Zeit mit ... Es geht mir richtig gut, wenn ... Ich fühle mich am wohlsten, wenn ... Ich lege grossen Wert darauf, dass ...
Beschreib, was für dich typisch ist.	Ich finde, dass ich ... Ich halte mich für ... Wenn ich ..., dann ... Typisch für mich ist, dass ... Zum Beispiel liebe ich es, zu ... Aber manchmal ...
Beschreib, wie du deine Zukunft siehst.	Für meine Zukunft wünsche ich mir ... Wenn ich in die Zukunft schaue, dann ... Ich weiss noch nicht genau, wie ... Auf alle Fälle freue ich mich auf ... Ich kann mir vorstellen, später einmal ... Wenn ich ..., möchte ich ...

6 Schreib dein Selbstporträt. Benütz die Textstruktur aus Aufgabe 5 und die Formulierungen, die du gewählt hast. Du kannst auch Formulierungen aus dem Mustertext in Aufgabe 2 benützen.

7 Bearbeite im Arbeitsheft auf Seite 15 das Kapitel «Verben mit festen Verbindungen 1» und auf Seite 16 das Kapitel «Selbstständig Wörter lernen».

Flucht in die Schweiz

1   Lies die Titel vom Kapitel und vom Text. Schau die Bilder an und überleg,
was im Text stehen könnte.

Samira,
17 Jahre

2   Lies den Text und konzentrier dich auf das, was du verstehst.

1 **So kam ich in die Schweiz**

Vor vier Jahren musste ich mit meiner Familie
aus Afghanistan in den Iran flüchten, weil das
Leben in unserer Stadt Farah wegen den Taliban
5 zu gefährlich geworden war. Im Iran lebten wir
eine Zeit lang in der Stadt Maschhad. Weil wir
keine Aufenthaltsbewilligung hatten, konnten
meine drei kleinen Brüder und ich dort nicht in
die Schule gehen. Meine Eltern wussten,
10 dass Bildung für das Leben enorm wichtig ist,
und setzen sich deshalb sehr dafür ein. Meine
Mutter, die in Afghanistan Lehrerin war,
unterrichtete uns zu Hause und mein Vater lieh
sich von Bekannten Bücher aus, mit denen wir
15 lernen konnten.

Nach zwei Jahren im Iran wurde mein Vater
krank und starb. Es war schrecklich. Wir
wussten nicht, was wir tun sollten. Meine Mutter
kontaktierte per E-Mail eine afghanische
20 Freundin in der Schweiz. Diese Freundin infor-
mierte uns darüber, wie wir in die Schweiz reisen
konnten, und gab uns Kontakte zu Fluchthelfern
an. Sie lieh uns auch Geld aus. Ohne sie hätten
wir es nicht geschafft.

25 Die Reise in die Schweiz war sehr anstrengend
und gefährlich. Zuerst mussten wir in die Türkei
reisen, aber wir hatten ja keinen Pass. Deshalb
konnten wir nicht über die normale Grenze
einreisen. In einem Jeep fuhren wir über Teheran
30 an die türkische Grenze. Dort mussten wir in
der Nacht zu Fuss über ein Gebirge gehen,
damit uns die Polizei nicht entdeckte. Auf der
türkischen Seite des Gebirges stiegen wir in
einen Lastwagen, der uns durch die ganze
35 Türkei fuhr. Nach mehreren Tagen kamen wir in
der Nähe von Istanbul ans Meer. Dort gab es
Boote, die uns nach Griechenland bringen
sollten. Weil auf dem Boot, auf das meine
Mutter und meine Brüder eingestiegen waren,
40 kein Platz mehr war, musste ich auf ein anderes
Boot steigen. Auf der Überfahrt nach Griechenland wurde das Boot mit meiner Mutter und
meinen Brüdern von der griechischen Küstenwa-
che entdeckt und ihr Boot musste in die Türkei
45 zurückkehren. Ich schaffte es nach Griechenland, aber dort war ich ganz allein. Ich war sehr
verzweifelt.

3   Lies den Text nochmals. Zeichne in der Karte den Fluchtweg ein und beschrifte die Länder.

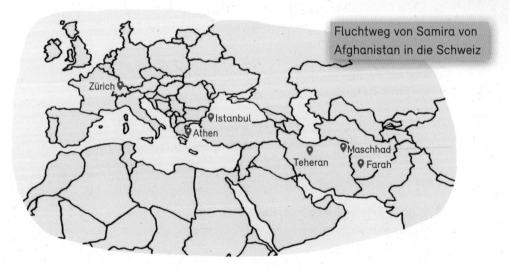

Fluchtweg von Samira von
Afghanistan in die Schweiz

Zürich

Istanbul
Athen

Teheran

Maschhad
Farah

4 Lies die Geschichte von Samira zu Ende. Konzentrier dich auf das, was du verstehst.

Zentrum Lilienberg, Affoltern am Albis

1 Im Flüchtlingscamp in Griechenland ging ich jeden Tag ans Meer und hoffte, dass meine Familie in einem Boot ankommen würde. Es vergingen drei Monate, aber sie kamen nicht an.
5 Dann wurde ich schwer krank. Es wurde immer schlimmer und ich hatte Angst, dass ich sterben könnte. Als ich im Camp zu einem Arzt gehen konnte, ging plötzlich alles sehr schnell. Ich wurde für einen Transfer in die Schweiz ausge-
10 wählt und durfte im Flugzeug nach Zürich fliegen. Dort wurde ich in einem Spital gepflegt. Nach ein paar Tagen im Spital ging es mir schon viel besser. Aber ich musste in dieser Zeit oft an meinen Vater denken, der im Iran gestorben war.
15 Es wurde mir bewusst, wie wichtig die medizinische Versorgung in einem Land ist und dass sie über Leben und Tod entscheiden kann. Ich war wirklich dankbar, dass mir die Ärzte in der Schweiz helfen konnten.

20 Als ich wieder gesund war, kam ich zuerst in ein Asylzentrum in Kreuzlingen und zwei Monate später ins Zentrum Lilienberg in Affoltern am Albis. Dort leben nur Jugendliche, die wie ich ohne Eltern in die Schweiz gekommen sind. Das
25 Schlafzimmer teilte ich mit zwei anderen Afghaninnen. Am Abend kochten und assen wir zusammen afghanisches Essen. Ich durfte in die Schule gehen und Deutsch lernen. Es hat mir viel bedeutet, wieder ein normales Leben zu
30 haben: eine Schule, ein Zuhause, neue Freundinnen und vor allem, dass ich mich sicher fühlen konnte. Aber ich vermisste meine Familie sehr.

35 Nach einigen Monaten musste ich nach Bern reisen, um bei der Flüchtlingsbehörde sehr genau von meiner Flucht zu erzählen. Es war schwierig für mich, alle schrecklichen Dinge zu erzählen, die ich erlebt hatte. Acht Monate danach bekam ich den Entscheid, dass ich in
40 der Schweiz bleiben darf, solange die Situation in Afghanistan nicht besser ist. Darüber war ich sehr erleichtert, aber ich dachte natürlich auch wieder an meine Familie und fragte mich, wo sie wohl war.

45 Eines Tages erhielt ich einen Anruf von einer afghanischen Freundin. Sie erzählte mir, dass meine Mutter und meine Brüder nun in Griechenland in einem Camp seien. Aber sie konnte mir nicht sagen, ob sie von dort weiterreisen
50 können. Trotzdem war ich froh über die Neuigkeit. Wenigstens wusste ich jetzt, dass meine Familie lebte und es ihnen gut ging. Leider habe ich meine Familie bis heute noch nicht gesehen. Mein grösster Wunsch ist, dass
55 sie zu mir in die Schweiz kommen können. Wieder mit meiner Familie zusammen zu sein, ist das Allerwichtigste für mich.

5 Lies den Text in Aufgabe 4 nochmals. Nummerier auf der Schweizerkarte die Orte, wo Samira war.

Basel   Kreuzlingen
Zürich
Affoltern am Albis
Luzern
Bern
Bellinzona
Genf

6 Bearbeite im Arbeitsheft auf Seite 17 das Kapitel «Flucht in die Schweiz».

A

2 Wohnen

Das kann ich.

Ich kann Kreisdiagramme verstehen.	☺	😐	☹
Ich kann Fachtexte über Mobilität verstehen.	☺	😐	☹
Ich kann auf Reklamationen reagieren.	☺	😐	☹
Ich kann einen Vortrag über Wohnsiedlungen halten.	☺	😐	☹
Ich kann einen Pro-contra-Text über Einfamilienhäuser schreiben.	☺	😐	☹

Wohnen in der Schweiz

1 Lies die Wörter im Schüttelkasten und die Satzanfänge. Beschreib in drei bis vier Sätzen, wie du wohnst.

die Wohnung   das Zimmer

die Einzimmerwohnung   das Einfamilienhaus

die ...zimmerwohnung   der Quadratmeter

das Mehrfamilienhaus

die Zweizimmerwohnung

Satzanfänge

Ich wohne in einer/einem ...

In dem Haus, in dem ich wohne, hat es ...

In der Wohnung, in der ich wohne, hat es ...

Mein Zimmer ist ungefähr ... gross.

2 Schau das Kreisdiagramm auf Seite 19 oben an. Lies die Angaben und beschreib das Kreisdiagramm mit mindestens drei Sätzen.

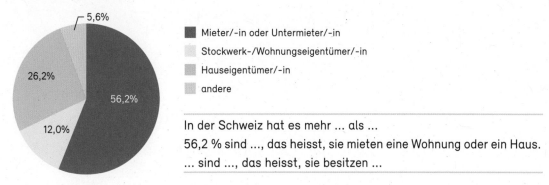

Bewohnertypen, 2016

5,6%

26,2%

56,2%

12,0%

- Mieter/-in oder Untermieter/-in
- Stockwerk-/Wohnungseigentümer/-in
- Hauseigentümer/-in
- andere

In der Schweiz hat es mehr … als …
56,2 % sind …, das heisst, sie mieten eine Wohnung oder ein Haus.
… sind …, das heisst, sie besitzen …

3 In einem Interview erklärt die Statistikerin Giuliana Schmid, wo und wie die Schweizer Bevölkerung wohnt. Klär zuerst die Bedeutung der Schlüsselwörter.

das Wohnungswesen _alles, was mit Wohnungen und Wohnhäusern zu tun hat_

die Statistik (-en) _____

die Daten (nur Plural) _____

die Agglomeration (-en) _____

der Haushalt _____

4 Lies die folgenden Fragen. Hör dann das Interview mit der Statistikerin Giuliana Schmid und kreuz die Fragen an, die gestellt werden.

T 4

Woher kommen Sie? ————————————————————— ◯

Was macht eine Statistikerin genau? —————————————— ◯

Woher stammen die Daten, die Sie auswerten? ——————————— ◯

Wie viele Menschen leben insgesamt in der Schweiz? —————————— ◯

In welchem Kanton wohnen die meisten Menschen? ————————— ◯

Leben die Menschen mehrheitlich in Familien oder allein? ———————— ◯

Was ist in der Schweiz häufiger: eine Wohnung / ein Haus mieten oder kaufen? —◯

5 Lies die Kreisdiagramme. Hör dann das Interview in Aufgabe 4 nochmals und notier die Prozentzahlen.

1.

- Wohnung oder Haus wird gemietet.
- Wohnung oder Haus wird gekauft.

2.

- Bevölkerung in der Stadt und in der Agglomeration
- Bevölkerung auf dem Land

3.

- Einfamilienhäuser
- Mehrfamilienhäuser
- Wohngebäude mit Nebennutzung
- teilweise als Wohnung genutzte Gebäude

6 Bearbeite im Arbeitsheft auf Seite 19 das Kapitel «Wohnen in der Schweiz».

A

Wohnen und arbeiten

1 Lies den Titel vom Text auf Seite 21 und schau das Bild an. Was kommt dir dazu in den Sinn? Notier Stichworte.

volle Züge

2 Lies den Lead, das heisst den Abschnitt unter dem Titel vom Text auf Seite 21. Ergänz weitere Stichworte in Aufgabe 1.

3 Lies die folgenden Zwischentitel. Zu welchen Abschnitten gehören sie? Lies den ganzen Text auf Seite 21 und notier die Zeilennummern.

Zwischentitel	Zeilennummern
Modell der Zukunft	Zeilen _____ bis _____
Zunahme der Mobilität	Zeilen _____ bis _____
Das Richti-Areal	Zeilen _____ bis _____
Konsequenzen des Pendelns	Zeilen _____ bis _____

4 Lies den ersten Abschnitt vom Text auf Seite 21 und ergänz die fehlenden Punkte im Diagramm. Verbind die Punkte zu einem Grafen. Beschreib den Grafen mit einem Satz.

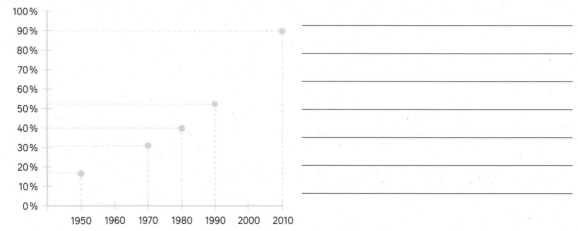

5 Lies den zweiten Abschnitt genau. Markier im Abschnitt die vier negativen Folgen des Pendelns.

6 Lies den dritten Abschnitt. Markier die sechs positiven Folgen eines Quartiers der kurzen Wege.

7 Lies den vierten Abschnitt. Markier, was im Richti-Areal besonders ist.

8 Lies nochmals den ganzen Text. Schreib zu jedem Abschnitt ein bis zwei Sätze, die den Inhalt zusammenfassen.

9 Bearbeite im Arbeitsheft auf Seite 22 das Kapitel «Das Passiv».

Pendelverkehr

Viele Menschen müssen pendeln, weil sie an ihrem Wohnort keine Arbeit finden. 2016 brauchten Pendlerinnen und Pendler durchschnittlich 30 Minuten, um von zu Hause zum Arbeitsplatz zu gelangen. Das ist viel Zeit und müsste nicht sein, wenn alle an ihrem Wohnort arbeiten könnten.

1 Der Pendelverkehr hat in den vergangenen Jahrzehnten stark zugenommen, sowohl im öffentlichen Verkehr als auch im Individualverkehr. 1960 pendelten 23 % der Erwerbstätigen zur Arbeit, im Jahr 2000 5 waren es bereits 58 % und 2016 pendelten fast 90 % zur Arbeit. Begonnen hat dieser Trend in den frühen 1960er-Jahren, als die Bereiche wohnen, arbeiten und einkaufen immer mehr getrennt wurden. Damals wurden reine Wohnsiedlungen ohne Geschäfte und 10 hohe Bürogebäude ohne Wohnungen gebaut. Am Stadtrand entstanden grosse Einkaufszentren. In der Folge mussten die Leute längere Distanzen zurücklegen, um zur Arbeit und wieder nach Hause zu kommen oder um einzukaufen. Um dies zu erleichtern, 15 wurde einerseits der öffentliche Verkehr ausgebaut. Es gab mehr und bessere Bus- und Zugverbindungen. Andererseits konnten sich immer mehr Leute ein eigenes Auto leisten. Der Pendelverkehr nahm immer mehr zu.

20 Heute wissen wir, dass das Pendeln Auswirkungen auf Menschen und Natur hat. Bereits grosse Teile der Landschaft sind mit Strassen, Wohnsiedlungen, Einkaufszentren und Bürogebäuden überbaut. Dies führt zu einer grösseren Umweltbelastung. Ebenfalls 25 zeigt sich, dass das Pendeln zwischen Wohnung, Arbeitsplatz und Einkaufszentrum zeitaufwendig ist. Das bedeutet, dass man weniger Zeit für sich oder für die Familie hat. Langes Pendeln kann auch ungesund sein. Verspätete Züge oder Staus auf den Strassen ver-

30 ursachen Stressgefühle und im Winter kann man sich in überfüllten öffentlichen Verkehrsmitteln mit einer Erkältung anstecken.

Ein Modell für die Zukunft könnte deshalb «das Quartier der kurzen Wege» sein. Das bedeutet, dass 35 die Bereiche wohnen, arbeiten und einkaufen wieder zusammen am gleichen Ort sind. Lediglich Industriezonen sollen wegen dem Lärm separat bleiben. Das Modell «Quartier der kurzen Wege» möchte, dass die Leute wieder kürzere Distanzen zurücklegen, wenn 40 sie zur Arbeit oder zum Einkaufen gehen. Für die kurzen Distanzen können sie zu Fuss gehen oder das Velo nehmen. Dadurch gibt es weniger Autoverkehr und entsprechend auch weniger Umweltbelastung. Die Quartiere der kurzen Wege sollen auch dichter 45 bebaut werden, sodass mehr Grünfläche für alle entsteht und die Natur erhalten bleibt.

Ein «Quartier der kurzen Wege» ist in der Schweiz zum Beispiel das Richti-Areal in der Nähe der Stadt Zürich. Das Quartier ist dicht bebaut und hat trotz-50 dem viele Grünflächen und öffentliche Plätze. Es gibt sowohl Wohnungen wie auch Büros, Restaurants und Geschäfte im Quartier. Strassen für den motorisierten Verkehr gibt es nur wenige, dafür aber viele Fussgänger- und Velowege. Das Areal wurde gut durch 55 den öffentlichen Verkehr erschlossen, sodass man schnell im Zentrum von der Stadt Zürich ist. Wer im Richti-Areal wohnt und arbeitet, hat dadurch sehr kurze Wege zur Arbeit und zum Einkaufen.

So nicht!

T 5

1 **Hör den Dialog und lies mit. Klär die Wörter.**

💬 Hört mal, das geht nicht, dass ihr ständig eine Sauerei hinterlässt.

💬💬 Wie bitte? Was meinen Sie damit?

💬 Du weisst ganz genau, was ich meine!

💬💬 Nein, tut mir leid. Können Sie das bitte erklären?

💬 Ich meine den Abfall, den ihr jedes Mal hier herumliegen lässt. Diesmal nehmt ihr ihn mit, ist das klar? Das meine ich.

💬💬💬 Ich verstehe, wenn sie sich über den Abfall ärgern. Aber das muss ein Missverständnis sein. Wir nehmen den Abfall immer mit und entsorgen ihn, wie es sich gehört. Das ist für uns selbstverständlich.

💬 Ach, Blödsinn! Letzte Woche war hier eine riesige Sauerei, der Abfall lag einfach so überall herum!

💬💬💬💬 Das mag sein, aber das hat nichts mit uns zu tun. Letzte Woche waren wir gar nicht hier. Da hatten wir nämlich Schulferien.

💬 Das kann jeder sagen. Ihr seid doch ständig hier und lasst euren Abfall herumliegen.

💬💬💬 Tut mir leid, aber das waren wir nicht. Sie beschuldigen uns zu Unrecht.

💬💬💬💬 Ich kann Ihnen versichern, dass wir unseren Abfall immer entsorgen. Wir hinterlassen keine Sauerei, das schadet nämlich der Umwelt und das finden wir auch nicht gut.

💬 Na, das will ich hoffen!

Abfalltrennung

Es gibt im Alltag Materialien, die wertvoll sind, weil man sie wiederverwenden kann. Diese Materialien nennt man *Wertstoffe*. Damit möglichst viele Wertstoffe wiederverwertet werden können, muss der Abfall getrennt gesammelt werden. Diesen Prozess nennt man *Wiederverwertung* oder *Recycling*. Dies sind die wichtigsten Wertstoffe aus Haushalten, die getrennt gesammelt werden.

Glas

Aluminium

PET

Plastik

Batterien

Papier, Pappe und Karton

2 Hör den Dialog und lies mit. Klär die Wörter.

- Hey, du sollst das Velo nicht an die Hauswand stellen.
- Ich weiss, aber beim Velounterstand hat es einfach keinen Platz.
- Im Veloraum gibt es genug Platz!
- Das Velo täglich zwei Mal vom Keller heraufzutragen und wieder hinunterzutragen, ist mir zu mühsam. Zudem werden der Eingang und die Treppe schmutzig, vor allem wenn es regnet.
- Ja, verstehe. Was können wir tun?
- Mir ist aufgefallen, dass viele Velos gar nie gebraucht werden. Es wäre besser, wenn diese Velos im Velokeller versorgt werden.
- Weisst du denn, wem sie gehören?
- Nein, aber wir könnten einen Zettel an die Gepäckträger heften mit der Bitte, die wenig gebrauchten Velos im Velokeller zu versorgen. Wie sehen Sie das?
- Das finde ich einen guten Vorschlag.
- Was halten Sie davon, wenn ich den Zettel mit dem Computer schreibe, ihn ausdrucke und auf die Gepäckträger klemme?
- Gute Idee! Mach das!
- Hoffentlich gibt es dann etwas mehr Platz beim Unterstand.
- Ja, hoffen wir! Sonst sehen wir weiter.

3 Lest die Situationen. Wählt eine Situation und schreibt einen Dialog wie in Aufgabe 1 oder 2. Benützt dazu auch die Formulierungen für Gespräche.

Situation 1

Eine Person beschuldigt dich, dass du am Samstagabend bis spät in die Nacht laut Musik gehört hast. Am Samstag warst du aber gar nicht zu Hause. Wahrscheinlich war das jemand anderes. Zudem weisst du, dass man nach 22 Uhr keinen Lärm machen darf.

Situation 2

Eine Frau beschuldigt dich beim Hauseingang, die Haustüre nicht immer abzuschliessen. Sie hat grosse Angst vor Einbrechern. Du schliesst sie aber jedes Mal mit dem Schlüssel ab, auch wenn du nur kurz hinausgehen musst.

Formulierungen für Gespräche	
nachfragen	Was meinen Sie damit?
	Können Sie das bitte genauer erklären?
beschwichtigen	Wenn ich Sie richtig verstehe, meinen Sie, dass ...
	Ich verstehe, dass Sie das ärgert. Aber ...
einwenden	Es tut mir leid, aber das war wahrscheinlich ...
	Das mag ja sein, aber ...
	Ich kann Ihnen versichern, dass ...
einen Vorschlag machen	Ich habe einen Vorschlag. Wir könnten doch ...
	Was halten Sie davon, wenn ...

4 Lernt euren Dialog auswendig und spielt ihn der Klasse theatralisch vor.

5 Bearbeite im Arbeitsheft Seite 25 das Kapitel «Nomen mit Nachmorphem *-ung*».

Vortrag: Pendelverkehr

1 Der Text auf Seite 21 ist die Grundlage für den Vortrag. Wenn du die Aufgaben dazu auf Seite 20 noch nicht bearbeitet hast, dann lös sie zuerst.

2 Lies den ganzen Text auf Seite 21 nochmals. Schreib die Zwischentitel von Aufgabe 3 auf Seite 20 am Computer auf vier Folien.

3 Lies die Angaben im Schüttelkasten und ordne sie den vier Folien zu. Falls du nicht sicher bist, kannst du im Text auf Seite 21 nachsehen.

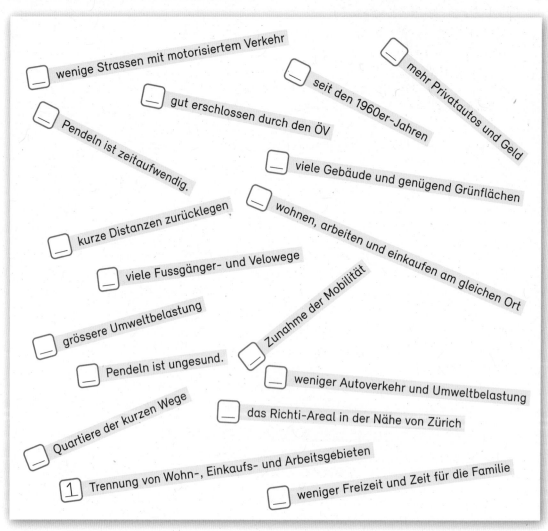

- □ wenige Strassen mit motorisiertem Verkehr
- □ seit den 1960er-Jahren
- □ mehr Privatautos und Geld
- □ gut erschlossen durch den ÖV
- □ Pendeln ist zeitaufwendig.
- □ viele Gebäude und genügend Grünflächen
- □ kurze Distanzen zurücklegen
- □ wohnen, arbeiten und einkaufen am gleichen Ort
- □ viele Fussgänger- und Velowege
- □ Zunahme der Mobilität
- □ grössere Umweltbelastung
- □ Pendeln ist ungesund.
- □ weniger Autoverkehr und Umweltbelastung
- □ das Richti-Areal in der Nähe von Zürich
- □ Quartiere der kurzen Wege
- 1 Trennung von Wohn-, Einkaufs- und Arbeitsgebieten
- □ weniger Freizeit und Zeit für die Familie

4 Gestalte am Computer die vier Folien mit den Angaben aus dem Schüttelkasten in Aufgabe 3 und mit passenden Bildern aus dem Internet. Gestalte auch eine Titelfolie und eine Schlussfolie.

5 Lies den Text auf Seite 21 noch zwei bis drei Mal laut.

6 **Schreib deinen Vortrag mithilfe der folgenden Formulierungen und lass ihn korrigieren.**

Titelfolie	Mein Vortrag handelt vom ... 2016 brauchten ... Die Nachteile vom Pendeln sind bekannt: ... Es gibt aber auch Alternativen.
Folie 1	In den 1960er-Jahren baute man ... Damit wollte man ... Eine Folge davon war, dass der öffentliche ... Die Leute hatten mehr ... und es gab ... Immer mehr Leute pendelten: 1960 waren es ..., im Jahr 2000 ... und 2016 ...
Folie 2	Das Pendeln hat jedoch Konsequenzen. Die grosse Mobilität mit Autos oder öffentlichem Verkehr führt ... Das Pendeln zwischen ... ist auch ... Das heisst, dass die Menschen mehr Zeit für ... und weniger Zeit für ... haben. Ausserdem ist langes Pendeln ..., weil ... und weil ...
Folie 3	In Zukunft soll ... Das bedeutet, dass ... Nur Industriezonen mit viel Lärm sollen ... Die Leute können ... Dank dieser Massnahme ... Weil man dichter baut, wird ... und die Natur ...
Folie 4	Ein Beispiel für ein Quartier der kurzen Wege ist ... Es besteht sowohl aus ... als auch aus ... Das Quartier hat aber trotzdem ... Für den motorisierten Verkehr ... Dafür gibt es aber viele ... Mit den öffentlichen Verkehrsmitteln ist man ... Die Wege zur Arbeit und ...
Schlussfolie	Vielen Dank für eure Aufmerksamkeit.

7 **Lern deinen Vortrag nach der Korrektur mit den Folien frei sprechen.**

8 **Halte deinen Vortrag. Das Publikum gibt Rückmeldungen dazu.**

9 **Notier, worauf du beim nächsten Vortrag achten willst.**

_____

_____

_____

_____

_____

_____

_____

_____

_____

_____

Pro und contra Einfamilienhäuser

1   Lies den Titel und schau die Bilder an. Was spricht für (= pro) Einfamilienhäuser? Was spricht dagegen (= contra)? Notier Argumente für beide Seiten in eine Liste.

pro Einfamilienhaus	contra Einfamilienhaus

2   Lies die Argumente und konzentrier dich auf das, was du verstehst. Klär fünf Wörter und lies die Argumente nochmals.

Argumente pro Einfamilienhaus

Es gibt nichts Schöneres, als in einem Einfamilienhaus zu wohnen. Es hat genug Platz für die ganze Familie. Der Keller ist gross, da haben viele Sachen Platz. Man kann dort sowohl Velos und Ski versorgen als auch eine Waschküche mit Waschmaschine und Wäscheständer einrichten.

Mit dem Garten rund ums Haus fühlt man sich nahe an der Natur. Einerseits kann man einen Gemüsegarten anlegen, um Salat oder Tomaten zu pflanzen. Andererseits hat es genügend Fläche für Obstbäume, die im Sommer auch noch Schatten spenden. Auf der Wiese kann man die Sonne geniessen und Gartenmöbel aufstellen.

Ein Einfamilienhaus bietet viel Privatsphäre. Es wohnt niemand über dir, der Lärm macht, oder unter dir, der lärmempfindlich ist. Du kannst auch mal eine Party organisieren, ohne dass die Nachbarn gleich reklamieren.

Argumente contra Einfamilienhaus

Eine Siedlung mit Einfamilienhäusern benötigt viel Land. Grosse, kompakte Mehrfamilienhäuser brauchen dagegen weniger Platz. Somit hat es mit Mehrfamilienhäusern mehr Platz für Grünflächen, die alle nutzen können.

Den Garten eines Einfamilienhauses nutzen nur diejenigen Leute, die dort wohnen. Bei Einfamilienhäusern muss eine grössere Infrastruktur gebaut werden. Es braucht zum Beispiel mehr Leitungen für das Trink- und das Abwasser und auch mehr Zugangsstrassen.

Der Energieverbrauch ist bei Einfamilienhäusern höher. Ein Einfamilienhaus bedeutet auch viel Arbeit. Der Garten muss gepflegt werden und immer wieder muss etwas repariert werden. Das kostet Zeit und Geld.

3   Lies die Argumente in Aufgabe 2 nochmals. Schreib die Pro-Argumente, mit denen du einverstanden bist, in deine Liste von Aufgabe 1. Mach das Gleiche mit den Contra-Argumenten.

4 Lies die Stellungnahme von Bahar und konzentrier dich auf das, was du verstehst. Klär fünf Wörter und lies den Text nochmals.

Das Wohnen in einem Einfamilienhaus hat Vor- und Nachteile. Im folgenden Text beschreibe ich zuerst, welche Argumente dafür- und welche Argumente dagegensprechen. Am Schluss erkläre ich meine eigene Meinung zum Thema.

Ein Argument für das Wohnen in Einfamilienhäusern ist, dass man viel Platz hat. Neben mehreren Zimmern hat man meist einen grossen Keller. Hinzu kommt, dass die meisten Einfamilienhäuser einen eigenen Garten haben. Ein grosser Vorteil ist, dass man in einem Einfamilienhaus mehr Privatsphäre hat als in einem Mehrfamilienhaus. Das heisst zum Beispiel, dass man von den Nachbarn weniger gestört wird.

Gegen Einfamilienhäuser spricht, dass diese viel Platz brauchen und auch eine grosse Infrastruktur mit Strassen und Leitungen benötigen. Ein negativer Punkt ist, dass Einfamilienhäuser zum Heizen viel mehr Energie brauchen als Wohnungen. Dies ist schlecht für die Umwelt. Ausserdem hat man mit einem eigenen Haus oft viel zu tun, wenn man beispielsweise den Garten machen oder etwas reparieren muss. Nicht zuletzt braucht man viel Geld, um ein Haus zu kaufen oder zu mieten.

Ich verstehe sowohl die Pro- als auch die Contra-Argumente. Natürlich stimmt es, dass ein Einfamilienhaus mit Garten etwas Schönes ist. Aber in einem kleinen Land wie der Schweiz können nicht alle in eigenen Häusern wohnen. Ich finde es problematisch, wenn immer mehr Leute ein eigenes Haus bauen wollen, denn so verschwinden immer mehr Grünflächen.

von Bahar

5 Lies die Stellungnahme von Bahar nochmals und markier im Balken links die Abschnitte mit den folgenden Farben.

Contra-Argumente   Einleitung   meine Meinung   Pro-Argumente

6 Schreib eine Stellungnahme zum Thema Einfamilienhäuser wie in Aufgabe 4. Benütz deine Argumente aus Aufgabe 1. Verwende auch die Textstruktur und Formulierungen in der Tabelle.

Einleitung	Im folgenden Text nehme ich Stellung zum Thema ...
	Zuerst beschreibe ich ...
	Am Schluss formuliere ich meine eigene Meinung zum Thema.
Pro-Argumente	Ein Argument für Einfamilienhäuser ist, dass ...
	Dafür spricht auch, dass ...
	Ein (grosser) Vorteil ist, dass ...
Contra-Argumente	Ein Argument gegen Einfamilienhäuser ist, dass ...
	Dagegen spricht auch, dass ...
	Nicht zuletzt ...
meine Meinung	Meiner Meinung nach ...
	Ich bin der Meinung, dass ...
	Ich finde es problematisch, wenn ...

7 Bearbeite im Arbeitsheft auf Seite 26 das Kapitel «Argumentieren».

Wohnbaugenossenschaften

> ### Genossenschaft
>
> Eine Genossenschaft (oder Kooperative) ist eine Geschäftsform, in der alle Mitglieder einen Teil der Genossenschaft besitzen. Der Gewinn von einer Genossenschaft kommt allen Mitgliedern zugute. Genossenschaften bieten den Mitgliedern möglichst günstige Bedingungen für ihre Produkte und Dienstleistungen.

1   **Lies den Text und konzentrier dich auf das, was du verstehst. Klär fünf Wörter und lies den Text nochmals.**

Die ersten Wohnbaugenossenschaften entstanden ab Mitte des 19. Jahrhunderts, vor allem weil in den Städten die Wohnbedingungen für Arbeiterinnen und Arbeiter sehr schlecht waren. Zudem gab es in Städten mit Industrien wie Basel, Bern, Biel, Zürich, Winterthur und St. Gallen zu wenige günstige Wohnungen. Die Wohnbaugenossenschaften hatten zum Ziel, bezahlbare Wohnungen zu bauen. Diese Wohnungen waren damals zwar klein, sollten aber genügend hygienische Einrichtungen und Tageslicht bieten.

Ab Anfang des 20. Jahrhunderts entstanden Wohnbaugenossenschaften, die auch grössere Wohnungen bauten. Eine davon war die Eisenbahner-Baugenossenschaft, die es heute noch gibt. Während dem Ersten Weltkrieg schlossen sich immer mehr Arbeiter zu Genossenschaften zusammen. Mit der Unterstützung der Stadtregierung und Krediten von Banken konnten sie Wohnsiedlungen bauen, die den Mitgliedern der Baugenossenschaft gehörten.

Das ist bis heute so. Das Ziel der Wohnbaugenossenschaften ist es, gute Wohnungen zu günstigen Preisen anzubieten. Es werden auch neue Wohnbaugenossenschaften gegründet, denn so gibt es keine Besitzer oder Besitzerinnen, die den Gewinn aus den Mieten für sich behalten.

2   **Bearbeite im Arbeitsheft auf Seite 28 das Kapitel «Rund ums Wohnen».**

3   **Lies den Text und konzentrier dich auf das, was du verstehst. Klär fünf Wörter und lies den Text nochmals.**

Viele Menschen suchen nach neuen Ideen für das Wohnen. Ihnen sind Aspekte wie Ökologie, Autofreiheit, Zusammenleben und vieles mehr sehr wichtig. Solche Menschen haben sich zum Beispiel für die Wohnbaugenossenschaft Oberfeld in Ostermundigen im Kanton Bern zusammengefunden. Gemeinsam entwickelten sie Ideen und setzten sie danach um. Von der Idee bis zur Umsetzung dauerte es über zehn Jahre. Das Resultat ist eine Siedlung mit mehreren Häusern und genügend Aussenraum für alle.

4 Schreib die entsprechenden Nummern zu den Bildern.

1.

Zusammenleben

In der Siedlung hat es kinderfreundliche Wohnungen, Wohnungen für ältere Menschen oder auch Wohnungen zum Teilen. Ebenfalls gibt es Gemeinschaftsräume für Feste und Einzelzimmer, die man als Büros oder Gästezimmer benutzen kann.

2.

Mitbestimmung

Alle Personen, die in der Siedlung wohnen, gestalten das Leben dort mit und bringen neue Ideen ein. In verschiedenen Gruppen kümmern sie sich etwa um den Spielplatz, die Gemeinschaftsräume oder die Gartenbeete.

3.

Energieeffizienz

Die Siedlung besitzt eine Fotovoltaikanlage, die Strom für Heizung und Warmwasser produziert. Die Gebäude wurden gut isoliert, sodass nur wenig Wärme aus den Häusern entweicht.

4.

Ökologie

Die Häuser wurden mit viel Holz gebaut. Für die Aussenräume wurden einheimische Pflanzen verwendet. Es gibt einen Kräutergarten, Gemüsebeete und einen Komposthaufen.

5.

Autofreiheit

Die Menschen, die in der Siedlung wohnen, besitzen in der Regel kein eigenes Auto. Dafür gibt es genügend Veloparkplätze, der öffentliche Verkehr ist in der Nähe und es gibt einige Autos, die alle benutzen können.

5 Wähl eine Wohnbaugenossenschaft aus deiner Region und recherchier dazu im Internet.

Such die Antworten auf folgende Fragen.

1. Wie heisst die Wohnbaugenossenschaft?
2. Wo ist sie?
3. Wie gross ist sie?
4. Welche Ideen zum Wohnen werden umgesetzt?

Notier die Antworten und stell die Wohngenossenschaft der Klasse vor.

3

Lernen lernen

Inhalt

Das kann ich.

Ich kann einen Hörtext über Lernprobleme verstehen.	☺	😐	☹
Ich kann einen Lesetext über selbstständiges Lernen verstehen.	☺	😐	☹
Ich kann über Probleme beim Lernen sprechen.	☺	😐	☹
Ich kann einen Vortrag über selbstständiges Lernen halten.	☺	😐	☹
Ich kann einen Eintrag im Lerntagebuch schreiben.	☺	😐	☹

Lernprobleme lassen sich lösen

1 **Lies die Tabelle und kreuz an, was auf dich zutrifft. Ergänz den Satz.**

So kann ich nicht gut lernen.   stimmt

1. lange Texte lesen müssen ⬜
2. an einem lauten Ort sein ⬜
3. ständig Nachrichten auf dem Handy erhalten ⬜
4. sich auf eine Prüfung vorbereiten müssen ⬜
5. mit jemandem Streit haben ⬜

    stimmt

6. verliebt sein ⬜
7. müde sein ⬜
8. allein lernen ⬜
9. Hunger haben ⬜
10. Musik hören ⬜

Ich kann nicht gut lernen, wenn ich _____

_____

_____

_____

_____

_____

2   Lies den folgenden Text über die zwei Lehrerinnen. Konzentrier dich auf das, was du verstehst. Klär ein bis zwei Wörter und lies den Text nochmals.

Sylvia Rost und Chantal Graber arbeiten an einer Sekundarschule in Zürich. Sylvia Rost ist DaZ-Lehrerin. Sie arbeitet eng mit den anderen Lehrerinnen und Lehrern an ihrer Schule zusammen. Chantal Graber arbeitet als Klassenlehrerin. Die beiden Lehrerinnen sind sich einig: Wenn Schülerinnen und Schüler beim Lernen immer wieder Schwierigkeiten haben, braucht es eine längere Begleitung. Lernprobleme lassen sich selten von einem Tag auf den anderen lösen.

Sylvia Rost, DaZ-Lehrerin

Chantal Graber, Klassenlehrerin

3   Lies die Texte zu den drei Jugendlichen und füll die Tabelle aus.

Lucía

Lucía war zwölf Jahre alt, als sie aus Spanien in die Schweiz kam. Sie hatte vorher keinen Deutschunterricht gehabt und begann also erst kurz vor der Sekundarschule, diese neue Sprache zu lernen. Wenn sie Deutsch hörte, verstand sie deshalb fast nichts. Sylvia Rost war ihre DaZ-Lehrerin und berichtet, wie Lucía das Problem lösen konnte.

Aklilu

Aklilu war zehn Jahre alt, als er aus Eritrea in die Schweiz kam. In der vierten Klasse lernte er Deutsch und machte schnell Fortschritte. In vielen Fächern hatte er aber schlechte Noten. Er war überzeugt, dass er es in der Sek nicht schaffen könne. Die Lehrerin von Aklilu, Chantal Graber, war anderer Meinung. Sie berichtet, wie sie Aklilu unterstützt hat.

Yvonne

Für Yvonne ist Ballett sehr wichtig. Die Schule kam immer an zweiter Stelle. Ihre Eltern kommen aus Österreich und zu Hause sprechen sie Hochdeutsch. Trotzdem hatte Yvonne Lernprobleme. Chantal Graber berichtet, wie Yvonne auch mit einem vollen Wochenprogramm ihre Probleme lösen konnte.

	Lucía	Aklilu	Yvonne
Herkunftsland			
lernt Deutsch seit			
Bericht von			

4   Schreib eine Tabelle wie im Besipiel. Hör dann die Berichte der zwei Lehrerinnen. Notier Stichworte in die Tabelle.

T7– T9

	Lucía	Aklilu	Yvonne
Was ist das Lernproblem?			
Wie wird das Lernproblem gelöst?			
Wie ist es heute?			

5   Bearbeite im Arbeitsheft auf Seite 31 das Kapitel «Nebensätze mit *als* und *wenn*» und auf Seite 33 das Kapitel «Direkter und indirekter Fragesatz».

A

Selbstständig lernen

1 Lies den Titel vom Text auf Seite 33 und schau das Bild an. Was kommt dir dazu in den Sinn? Notier drei Stichworte in die Wörterwolke.

Lust haben zu lernen

2 Lies den Lead, das heisst den Abschnitt unter dem Titel auf Seite 33. Ergänz weitere Stichworte in Aufgabe 1.

3 Lies die folgenden Zwischentitel. Zu welchen Abschnitten gehören sie? Überflieg den ganzen Text und notier die Zeilennummern in die Tabelle.

Zwischentitel	Zeilennummern
Motivation kommt von innen	Zeilen ____ bis ____
Was bedeutet Motivation?	Zeilen ____ bis ____
Motivation kommt von aussen	Zeilen ____ bis ____
Beim Lernen Verantwortung übernehmen	Zeilen ____ bis ____

4 Lies den ersten Abschnitt und ergänz weitere Stichworte in Aufgabe 1.

5 Lies den zweiten Abschnitt und markier den fünften Satz. Notier ein Ziel und die Belohnung, die dich motivieren, etwas zu tun.

_____

_____

6 Lies den dritten Abschnitt und markier den dritten Satz. Notier zwei Sachen, die du mit Freude machst.

_____

_____

7 Lies den vierten Abschnitt genau. Notier, was du selbst machst, um dein Deutsch zu verbessern.

_____

_____

8 Lies nochmals den ganzen Text. Schreib eine Zusammenfassung mit je einem Satz pro Abschnitt.

9 Bearbeite im Arbeitsheft auf Seite 36 das Kapitel «Verben mit festen Verbindungen 2» und auf Seite 39 das Kapitel «Pronominaladverbien *wofür, dafür* usw.».

Lernen wollen ist das A und O

«Ich sollte für die Prüfung lernen, aber jetzt habe ich keine Lust ....» Wenn die Motivation fehlt, dann machen wir lieber etwas anderes als das, was wir eigentlich machen sollten. Wer nicht lernen will, lernt nicht – so einfach ist das. Gerade beim Lernen ist Motivation unersetzlich.

1 Das Wort *Motivation* kommt vom Wort *Motiv*, das wiederum vom lateinischen Verb *movere* («bewegen», «antreiben») kommt. *Ein Motiv haben* bedeutet so viel wie einen Grund haben, etwas zu tun. Wenn 5 man eine Arbeit, ein Spiel oder einen Spaziergang machen will, bedeutet es, dass man dazu motiviert ist. Wenn die Motivation fehlt, dann will man auch nicht. Die Frage ist, woher eigentlich dieses Wollen oder eben die Motivation kommt.

10 Die Psychologie unterscheidet zwischen Motivation von aussen und Motivation von innen. Die Motivation von aussen liefern bei jungen Menschen beispielsweise die Schule oder der Sportclub. Wer sich auf eine Prüfung gut vorbereitet, weiss, dass er da-15 durch bessere Chancen hat, eine gute Note zu bekommen. Wer im Sportclub hart trainiert, weiss, dass er gute Chancen hat, einen Wettkampf zu gewinnen. Die Schule oder der Sportclub geben Ziele vor und man wird belohnt, wenn man die Ziele erreicht. Die 20 Motivation, diese Ziele zu erreichen, kommt also von aussen. Das genügt beim Lernen aber nicht. Man muss auch selbst diese Ziele erreichen wollen, das heisst, dass man die Verantwortung für das Lernen selbst übernehmen muss.

25 Neben der Motivation von aussen gibt es auch die Motivation von innen. Jedes Mal wenn eine Person etwas macht, weil es ihr einfach Spass macht – zum Beispiel Gitarre spielen, Skateboard fahren oder Bücher lesen –, dann kommt die Motivation von innen. 30 Die Motivation von innen entsteht aus der Freude an einer Sache. Bei der inneren Motivation denkt eine Person also nicht lange darüber nach, warum sie etwas tut. Die Person handelt ohne ein äusseres Ziel, einfach weil sie etwas gerne macht oder notwendig 35 findet. Das kann zum Beispiel sein, wenn ein Jugendlicher einer Mutter hilft, den Kinderwagen eine kurze Treppe hinaufzutragen. Der Jugendliche tut dies aus innerer Motivation und nicht, weil er eine Belohnung erwartet. Er entscheidet sich also spontan etwas zu 40 tun und er übernimmt auch die Verantwortung, den Kinderwagen nicht fallen zu lassen.

Für das Lernen ist eine Kombination von äusserer und innerer Motivation vorteilhaft. Dies lässt sich am Beispiel von Hausaufgaben zeigen. Eine Schüle-45 rin muss als Hausaufgabe einen Text lesen und drei Informationen markieren. Die Schülerin entscheidet, den Text zwei Mal zu lesen, damit sie sicher ist, die richtigen drei Informationen zu finden. Sie übernimmt also die Verantwortung dafür, dass sie die Auf-50 gabe gut löst. Danach notiert sie noch vier Wörter, die für sie neu sind. Dies gehört nicht zur Hausaufgabe. Die Schülerin will diese Wörter von sich aus lernen, weil sie Fortschritte machen will. Sie übernimmt also die Verantwortung für ihr Sprachenlernen. Wenn 55 eine Person lernen will, entscheidet sie also immer selbst sehr viel. Sie entscheidet, wann und wie lange sie lernen will, wie gut und wie intensiv sie lernen will. Der Erfolg bei einer Prüfung zum Beispiel hängt somit meistens von den persönlichen Entscheidun-60 gen beim Lernen ab.

T 10

Lernen für sich selbst

1 Hör den Dialog und lies mit. Klär die Wörter.

Dialog 1

💬 Frau Zurini, haben Sie kurz Zeit?

💬 Ja, worum geht es?

💬 Auf nächste Woche haben Sie mir die Hausaufgabe gegeben, in Geografie einen Text zu lesen und Stichwörter zu jedem Abschnitt zu notieren. Ich werde dafür sicher viel Zeit brauchen!

💬 Du hast also schon überlegt, wie lange du etwa brauchst für diese Hausaufgabe. Hast du deine Vermutung schon in dein Lerntagebuch geschrieben?

💬 Ja, das habe ich schon gemacht.

💬 Und? Wie lange brauchst du wohl?

💬 Ich vermute, dass ich dafür ungefähr eine Stunde brauche.

💬 Gut.

💬 Ich habe noch eine Frage: Warum muss Yussef einen anderen, viel kürzeren Text lesen als ich? Sie haben ihm auch noch eine Liste mit Stichwörtern gegeben. Er muss diese Stichwörter in seinem Text nur suchen und markieren. Ich muss sie selber finden und aufschreiben. Yussef muss also viel weniger arbeiten als ich. Das ist doch ungerecht!

💬 Ich sehe: Du weisst Bescheid über die Hausaufgaben von Yussef. Überleg einmal, wie lange Yussef wohl für seine Hausaufgabe braucht.

💬 Das weiss ich nicht.

💬 Yussef ist nicht so weit wie du. Deshalb denke ich, dass Yussef auch etwa eine Stunde für diese Hausaufgabe braucht.

💬 Hm, das stimmt.

💬 Für eure Aufgaben braucht ihr also vermutlich etwa gleich viel Zeit. Du hast vorhin das Wort «ungerecht» gebraucht. Ich finde, das passt hier nicht. Deine Aufgabe ist schwieriger, weil du auf einem höheren Niveau arbeitest.

💬 Ja, schon. Ich will einfach nicht mehr arbeiten müssen als Yussef.

💬 Wichtig ist, dass alle auf ihrem Niveau lernen können. Meiner Meinung nach musst du nicht mehr arbeiten, sondern auf einem höheren Niveau weiterlernen.

💬 So gesehen stimmt das schon.

💬 Nächste Woche vergleichen wir eure Vermutungen im Lerntagebuch und schauen die Zeit an, die ihr wirklich gebraucht habt. Du kannst dann auch Yussef fragen, wie lange er gebraucht hat.

💬 Alles klar! Danke für die Erklärung.

💬 Gern geschehen.

2 Lernt den Dialog fast auswendig und spielt ihn der Klasse vor.

3 Lies die Formulierungen für Gespräche. Im Dialog 1 von Aufgabe 1 kommen zehn Formulierungen vor. Such und markier sie.

Formulierungen für Gespräche	
das Gespräch einleiten	– Haben Sie / Hast du kurz Zeit? – Darf/Kann ich Sie/dich etwas fragen? – Ich habe noch eine Frage.
eine Meinung äussern	– Meiner Meinung nach ... – Ich finde, das passt (nicht). – Das ist doch ungerecht. – Ich vermute, dass ... – Ich denke, dass ...
etwas betonen	– Wichtig ist, dass ... – Wichtig ist ausserdem, dass ... – Überleg einmal ...
zustimmen	– Das stimmt. – So gesehen stimmt das schon. – Das kann man auch so sehen.

4 Lies nochmals den Dialog 1 von Aufgabe 1 und notier Stichworte in die Tabelle.

	schwierigere Aufgabe für Person A	einfachere Aufgabe für Person B
Dialog 1: Geografie		

5 Wählt eine Situation (Dialog 2, 3 oder 4). Schreibt einen Dialog und verwendet dabei die Stichworte aus Aufgabe 4, den Dialog 1 und mindestens fünf Formulierungen aus Aufgabe 3.

	schwierigere Aufgabe für Person A	einfachere Aufgabe für Person B
Dialog 2: Französisch	– 15 neue Wörter lernen – zu 5 Wörtern einen eigenen Satz erfinden	– 10 neue Wörter lernen – vorgegebene Beispielsätze gut vorlesen üben
Dialog 3: Mathematik	– 10 Aufgaben lösen	– 5 Aufgaben lösen
Dialog 4: Sport	– 20 Minuten im Kreis rennen	– 20 Minuten abwechselnd eine Runde rennen und eine Runde gehen

6 Lernt euren Dialog nach der Korrektur auswendig und spielt ihn der Klasse theatralisch vor.

Vortrag: Lernen wollen ist das A und O

1 Der Text auf Seite 33 ist die Grundlage für den Vortrag. Wenn du die Aufgaben dazu auf Seite 32 noch nicht bearbeitet hast, dann lös sie zuerst.

2 Lies den ganzen Text auf Seite 33 nochmals. Schreib die Zwischentitel von Aufgabe 3 auf Seite 32 am Computer auf vier Folien.

3 Lies die Angaben im Schüttelkasten und ordne sie den vier Folien zu. Falls du nicht sicher bist, kannst du im Text auf Seite 33 nachsehen.

☐ Innere Motivation hat man aus Freude an der Sache.

☐ Wer lernen will, macht grössere Fortschritte.

☐ Ein konkretes Ziel ist eine Motivation von aussen.

☐ Man denkt nicht an das Warum, man macht es einfach.

1 «Motiv» bedeutet «einen Grund haben, etwas zu tun».

☐ Eine Portion innerer Motivation bringt mehr Erfolg.

☐ Motivation kommt von innen oder von aussen.

☐ Um ein Ziel zu erreichen, muss man Verantwortung übernehmen.

4 Gestalte am Computer die vier Folien mit den Angaben aus dem Schüttelkasten in Aufgabe 3 und mit passenden Bildern aus dem Internet. Gestalte auch eine Titel- und eine Schlussfolie.

5 Lies den Text auf Seite 33 noch zwei bis drei Mal laut.

6 Schreib deinen Vortrag mithilfe der folgenden Formulierungen und lass ihn korrigieren.

Titelfolie	In meinem Vortrag spreche ich über ...
	Wer nicht lernen will, ...
	Im Vortrag möchte ich erklären, was ...
Folie 1	Das Wort *Motivation* kommt ...
	Ein Motiv haben bedeutet ...
	Immer wenn man ...
	Wenn aber ein Mensch nicht will, ...
	Will man nicht ..., fehlt ...
	Die Frage ist nun, woher ...
	Die Psychologie unterscheidet zwischen ...
Folie 2	Die Motivation von aussen kommt ...
	Wenn sich jemand ...
	Wer zum Beispiel ...
	Die Schule oder ein Club geben vor, welche ...
	Es gibt aber auch sehr viele andere ...
	Zum Beispiel ...
	Das ist aber nicht genügend. Man sollte auch ...
	Wer lernt, entscheidet also ...
	Zum Beispiel entscheidet er, ...
	Der Erfolg bei einer Prüfung hängt somit ...
Folie 2	Neben der äusseren Motivation gibt es ...
	Wenn zum Beispiel ...
	Die Motivation kommt dann ...
	Der Mensch denkt ...
	Er handelt ...
	Zum Beispiel ...
	Der Mensch tut das, um ...
	Er erwartet ...
	Er entscheidet ...
Folie 4	Die Kombination von ...
	Am Beispiel von Hausaufgaben kann man das ...
	Ein Schüler muss zum Beispiel ...
	Das äussere Ziel ist ...
	Der Schüler sucht ...
	Anschliessend ...
	Das macht er ...
	Er setzt sich ...
	Er motiviert sich ...
Schlussfolie	So weit meine Ausführungen zum Thema ...
	Danke für eure Aufmerksamkeit.

7 Lern deinen Vortrag nach der Korrektur mit den Folien frei sprechen.

8 Halte deinen Vortrag. Das Publikum gibt Rückmeldungen dazu.

9 Notier, worauf du beim nächsten Vortrag achten willst.

Lerntagebuch

1 Schau das Bild an. Lies den Text, den eine Schülerin in ihr Lerntagebuch geschrieben hat.

Über das Lernen im Fach Geschichte

8. Mai	**Die Planung**
	Ich muss im Buch *Gesellschaften im Wandel* die Seiten 80 und 81 lesen. Das Kapitel heisst «Zucker – vom Luxusgut zum Massenprodukt». Ich muss Informationen finden, die etwas mit Ernährung zu tun haben. Ich muss drei Beispiele notieren. Den Zeitaufwand schätze ich auf 40 Minuten. Ich werde ohne Pause arbeiten.
9. Mai	**Der Rückblick**
	Ich habe den Zeitaufwand für die Aufgabe nicht ganz richtig einge- schätzt. Ich habe nur etwa 30 Minuten gebraucht. Im Folgenden be- schreibe ich, wie ich vorgegangen bin: Zuerst habe ich den ganzen Text gelesen. Danach habe ich den Text ein zweites Mal gelesen und Infor- mationen zur Ernährung gesucht. Wenn ich eine Information gefunden habe, habe ich dort einen kleinen Post-it-Zettel ins Buch geklebt. Zuletzt habe ich bei drei Zetteln nochmals nachgelesen und je ein Beispiel notiert.
	Die Reflexion
	Eine Herausforderung war für mich Folgendes: Ich war nicht immer ganz sicher, welche Informationen etwas mit Ernährung zu tun haben. Im Text steht zum Beispiel, dass Tee, Kaffee und Kakao Modegetränke waren. Hat das etwas mit Ernährung zu tun? Ich habe meinen Lehrer gefragt. Er hat gesagt: «Ja, das hat etwas mit Ernährung zu tun. Bei der Ernährung geht es darum, was Menschen essen und trinken. Hier geht es um Mode in der Ernährung. Viele Menschen fanden es cool, Tee, Kaffee oder Kakao zu trinken.» Abschliessend kann ich Folgendes sagen: Das Thema ist für mich in- teressant, weil ich mich für eine Lehrstelle als Köchin interessiere. In diesem Beruf muss man viel über verschiedene Lebensmittel und über Ernährung lernen.

2 Lies den Text nochmals. Notier die fett gedruckten Zwischentitel in die Tabelle. Was hat die Schülerin vor dem Lösen der Aufgabe geschrieben? Was danach? Kreuz an.

Zwischentitel	vor dem Lösen der Aufgabe geschrieben	nach dem Lösen der Aufgabe geschrieben
1. _____	☐	☐
2. _____	☐	☐
3. _____	☐	☐

3 Schreib einen Text mit dem Titel *Über das Lernen im Fach ....* Benütz dazu den Text in Aufgabe 1 als Muster sowie die Textstruktur und die Textbausteine.

Schreib den Titel	**Über das Lernen im Fach ...**
Notier das Datum.	Datum: ...
Schreib den fett gedruckten Untertitel ab.	**Die Planung**
Beschreib die Aufgabe, die du bekommen hast.	Ich muss ...
Notier, wie viel Arbeitszeit du schätzungsweise brauchst.	Den Zeitaufwand schätze ich auf ...
Schreib, wie du die Zeit einteilen wirst (z.B. mit oder ohne Pausen).	Ich werde ...

Notier das Datum.	Datum: ...
Schreib den fett gedruckten Untertitel ab.	**Der Rückblick**
Kommentier deinen Zeitaufwand.	Ich habe den Zeitaufwand ungefähr richtig / richtig / nicht ganz richtig eingeschätzt. Ich habe ... gebraucht.
Schreib, wie du vorgegangen bist.	Im Folgenden beschreibe ich, wie ich vorgegangen bin. Zuerst musste ich ... Zuerst habe ich ... Danach ... Dann ... Zuletzt ...

Schreib den fett gedruckten Untertitel ab.	**Die Reflexion**
Schreib über deine Erfahrungen mit dieser Aufgabe.	Eine Herausforderung war für mich Folgendes: ...
Schreib, mit wem du was besprochen hast.	Ich habe mit ... über die Aufgabe gesprochen. Ich habe ... gefragt. Er/Sie hat gesagt: ...
Schreib, was das Thema mit deinem Leben zu tun hat.	Abschliessend kann ich Folgendes sagen: Das Thema ist für mich interessant, weil ... Abschliessend muss ich sagen, dass das Thema nicht viel mit meinem Leben zu tun hat.

4 Bearbeite im Arbeitsheft auf Seite 41 das Kapitel «Nomen mit Nachmorphem *-heit, -keit* usw.».

Jugend und Sport

1   Schau die Bilder an und lies die Bildlegenden. Notier die Bildnummer bei der passenden Bildlegende.

- [ ] Ausbildung für Leiterinnen und Leiter von Sportkursen
- [ ] Material zum Ausleihen und Lernmaterialien
- [ ] finanzielle Unterstützung
- [ ] ein Sportförderprogramm für Kinder und Jugendliche

2   Hör und lies die Texte. Konzentrier dich auf das, was du verstehst.

T 11 – T 14

Jugend und Sport – das grösste Sportförderungsprogramm des Bundes

Jugend und Sport ist ein Sportförderungsprogramm des Bundes und wird oft einfach J+S genannt. Die Idee von J+S ist folgende: Sport ist gesund und kann Menschen zusammenbringen. Wenn man sich bereits als Kind und Jugendliche für Sport interessiert und Freude daran hat, sind die Chancen grösser, dass man auch als erwachsene Person Sport macht. J+S möchte dazu beitragen, dass der Sport die Menschen ein ganzes Leben lang begleitet, sie gesund hält und mit anderen Menschen in Kontakt bringt.

J+S erhält vom Bund jährlich über 100 Millionen Franken. Folgendes wird mit diesem Geld gemacht:

- Es werden Leiterinnen und Leiter für Sportkurse ausgebildet.
- Sportvereine, Clubs oder auch Schulen werden finanziell unterstützt. Sie erhalten Geld für Kurse und Lager.
- Es werden Sportausrüstungen zum Ausleihen angeboten, zum Beispiel für Kletterkurse.
- Es werden gute Lernmaterialien für jede Sportart zur Verfügung gestellt.

Jährlich finden 77 000 Sportkurse und Lager überall in der Schweiz statt. Daran nehmen rund 620 000 Kinder und Jugendliche teil. Viele von ihnen besuchen mehrere Kurse oder Lager pro Jahr. Deshalb gibt es pro Jahr rund 1 Million Einschreibungen zu den Kursen.

Einen passenden Kurs oder ein Lager finden

Jugend und Sport bietet Sportkurse und Lager für Kinder und Jugendliche in rund 70 Sportarten und Disziplinen an. Wer einen Kurs oder ein Lager sucht, findet die Informationen beim Sportamt in seinem Wohnkanton. Auf den Webseiten sind die Kurse und Lager ausgeschrieben und man erhält Informationen zur Anmeldung.

Leiterin oder Leiter in einer Sportart werden

Es ist wichtig, dass die Kurse und Lager sicher und gut organisiert sind. Leiterinnen und Leiter von Kursen und Lagern müssen deshalb eine J+S-Ausbildung besuchen. Wer Leiterin oder Leiter werden will, muss mindestens 18 Jahre alt sein. Natürlich ist es eine Voraussetzung, dass man in der gewählten Sportart bereits sehr gut ist und auch gute Kenntnisse darüber hat. Das genügt aber nicht. Man muss auch einen Leiterkurs besuchen, der fünf bis sechs Tage dauert. Im Leiterkurs geht es nicht nur um die Sportart. Man lernt auch, wie man Kinder oder Jugendliche unterrichtet. Es gibt Leiterkurse für J+S-Kindersport. Der Kindersport ist für 5- bis 10-Jährige. Ausserdem gibt es Leiterkurse für J+S-Jugendsport. Der Jugendsport ist für 10- bis 20-Jährige. Wer Leiterin oder Leiter werden will, muss sich also überlegen: Will ich mit Kindern oder mit Jugendlichen arbeiten?

Drei Schwerpunktthemen von J+S

Drei Themen sind für den J+S besonders wichtig: Sicherheit, Prävention und Integration.
Die Sicherheit ist ganz zentral beim Sport. Leiterinnen und Leiter müssen wissen, wo es Gefahren gibt und wie man in einer Notfallsituation handelt. Aber auch die Kinder und Jugendlichen müssen gut informiert sein und Gefahren und Risiken von ihren Sportarten kennen.
Bei der Prävention geht es darum, unerwünschtes Verhalten zu verhindern und positives Verhalten zu fördern. Leiterinnen und Leiter sind Vorbilder für ihre Kursteilnehmenden. Sie müssen ihnen zeigen, wie man respektvoll miteinander umgeht. In den Leiterkursen sind ausserdem auch sexuelle Übergriffe, Doping, Gewalt und Sucht ein Thema.
Die Integration ist das dritte Schwerpunktthema. In der Schweiz leben Menschen aus 195 Nationen. Wenn Menschen aus verschiedenen Kulturen kommen, ist es nicht immer ganz einfach zusammenzuleben. J+S möchte helfen, dass Kinder und Jugendliche in ihren Kursen und Lagern Gemeinsamkeiten entdecken können – ganz egal, aus welcher Kultur oder Nation sie kommen. Das gilt auch für Kinder und Jugendliche mit einer Behinderung. Zusammen etwas erleben schweisst die Menschen zusammen. Das ist ein wichtiges Ziel von J+S.

3 Lies die Sätze und such die Informationen in den Texten von Aufgabe 2. Notier die Zahlen.

1. So viel Geld bezahlt der Bund jährlich an J+S: _____
2. So viele Sportkurse und Lager finden jährlich statt: _____
3. So viele Kinder und Jugendliche nehmen
   jährlich an einem Kurs oder an einem Lager teil: _____
4. So viele Sportarten gibt es bei J+S: _____
5. Leiterinnen und Leiter müssen mindestens so alt sein: _____

4 Lies und lös die folgenden Aufgaben.

1. Such im Internet die Website *www.jugendundsport.ch* und klick auf «Sportarten».
2. Wähl eine Sportart, die du nicht oder nicht gut kennst. Lies die Informationen. Nutz auch das Bild oder den Film, um mehr über die Sportart zu erfahren.
3. Entscheide, ob die Sportart zu dir passt oder ob du diese Sportart nie wählen würdest.
4. Erklär die Sportart einem Partner oder einer Partnerin.

4 Ferien

Inhalt

Das kann ich.

Ich kann ein Interview mit einer Fachperson zum Thema Ferien verstehen.   ☺ ☻ ☹

Ich kann einen geschichtlichen Text über Ferien und Tourismus verstehen.   ☺ ☻ ☹

Ich kann über irreale Situationen sprechen.   ☺ ☻ ☹

Ich kann einen Vortrag über Ferien bzw. Tourismus halten.   ☺ ☻ ☹

Ich kann einen Pro-contra-Text über längere Sommerferien schreiben.   ☺ ☻ ☹

Endlich Ferien!

1   **Lies die Ausdrücke und klär sie. Markier, was für dich zum Thema Ferien passt.**

die Batterien wieder aufladen

sich mit dem Handy oder Computer ablenken

Geld verdienen

Zeit mit der Familie verbringen

den Schulstoff wiederholen

Zeit mit Freundinnen und Freunden verbringen

das Schulhaus putzen

Bücher lesen

den Kopf lüften

sich langweilen

wegfahren

sich entspannen

den eigenen Interessen nachgehen

Rasen mähen

Schlaf nachholen

2 Lies die Fragen und Antworten. Verbinde, was zusammenpassen könnte.

☐ Wie nutzt man Ferien am besten? ☐

☐ Können Ferien auch Schwierigkeiten machen? ☐

☐ Soll man in den Ferien den Schulstoff wiederholen? ☐

☐ Brauchen Menschen überhaupt Ferien? ☐

☐ Ist ein Ferienjob eine gute Idee? ☐

☐ Bedeuten längere Ferien auch mehr Erholung? ☐

☐ Auf jeden Fall. Ferien sind wichtig, um sich zu erholen und die Batterien wieder aufzuladen, damit man danach wieder genug Energie hat, etwas zu leisten. **a.**

☐ Nicht unbedingt. Es hängt von der Person ab, wie lange man braucht, um entspannen zu können. Für manche reichen ein paar Tage, andere brauchen mindestens zwei Wochen. **b.**

☐ Dafür gibt es kein Patentrezept. Wichtig ist einfach, dass man Freude an dem hat, was man in den Ferien macht. Dann nützen die Ferien am meisten für die Erholung. **c.**

☐ Absolut, denn manchen Menschen fällt es schwer, die freie Zeit selbst zu gestalten. Das kann zu Lustlosigkeit und Langeweile führen. **d.**

☐ Eigentlich nicht, denn Ferien sollten Lernpausen sein. Es ist jedoch sinnvoll, sich am Ende von längeren Ferien langsam wieder auf die Schule vorzubereiten. **e.**

☐ Ja, aber er sollte nicht mehr als die Hälfte von der Ferienzeit in Anspruch nehmen. Gewisse Arbeiten sind ausserdem für Jugendliche unter 16 verboten. **f.**

3 Hör das Interview und nummerier die Fragen in Aufgabe 2 in der richtigen Reihenfolge.

T 15

4 Hör das Interview nochmals und kontrollier die Zuordnung der Antworten.

5 Hör das Interview nochmals. Notier zu jeder Antwort zwei bis drei Stichworte.

6 Nehmt Stellung zu den Aussagen im Interview. Benützt Formulierungen wie im Beispiel.

Im Interview wird gesagt, dass Langeweile in den Ferien nicht so schlimm ist. Damit bin ich überhaupt nicht einverstanden. Ich langweile mich nicht gerne.

Das sehe ich nicht so. Ich selbst habe die Erfahrung gemacht, dass ich auf neue Ideen komme, wenn mir mal langweilig ist.

Stellung nehmen

Die Expertin sagt im Interview, dass ...
Dem kann ich (nicht) zustimmen, denn ...

Nach Meinung der Expertin ...
Ich selbst habe die Erfahrung gemacht, dass ...

Die Expertin schlägt im Interview vor, dass man ...
Das finde ich einen guten/schlechten Vorschlag, denn ...

7 Bearbeite im Arbeitsheft auf Seite 43 das Kapitel «Endlich Ferien!».

A

4

Ferien in der Schweiz

1 Lies den Titel und den Lead vom Text auf Seite 45 und schau das Bild an. Überleg, was der Titel bedeutet, und kreuz die passende Erklärung an.

Arbeitnehmende müssen ihre Ferien selbst bezahlen. ——————————— ◯

Arbeitnehmende bekommen heute auch in den Ferien den Lohn. ——————— ◯

Jede Schweizer Firma bezahlt den Angestellten Ferien in einem Hotel. ——— ◯

Arbeitnehmende mussten früher für das Recht auf Ferien kämpfen. ————— ◯

2 Lies die folgenden Zwischentitel. Zu welchen Abschnitten gehören sie? Lies den ganzen Text auf Seite 45 und notier die Zeilennummern in die Tabelle.

Zwischentitel	Zeilennummern
Zur Zeit der Industrialisierung	Zeilen ____ bis ____
Der internationale Vergleich	Zeilen ____ bis ____
Das Schweizer Gesetz heute	Zeilen ____ bis ____
Zwischen 1918 und heute	Zeilen ____ bis ____

3 Lies den ersten Abschnitt. Unterstreich, was genau im heutigen Gesetz steht.

4 Lies den zweiten und dritten Abschnitt. Notier Stichworte zu den Ereignissen oder zur Situation von damals.

Der Weg zu bezahlten Ferien	
bis zur Mitte des 19. Jahrhunderts	
zur Zeit der Industrialisierung	
1879	
bis 1918	
nach 1918	
1966	
1983	

5 Lies den letzten Abschnitt. Markier, wie viel Ferien die Arbeitnehmenden in Kanada, China, Brasilien und den USA zugute haben.

6 Lies die letzten beiden Sätze vom Text und ergänz die Tabelle in Aufgabe 4 mit den zwei Jahreszahlen und mit Stichworte.

7 Lies nochmals den ganzen Text. Schreib zu jedem Abschnitt einen bis zwei Sätze, die den Inhalt zusammenfassen.

Ferien – alles andere als selbstverständlich

Mehrere Generationen haben dafür gekämpft, dass Arbeitnehmende jedes Jahr bezahlte Ferien machen dürfen. Der Blick in die Geschichte und ein Vergleich mit anderen Ländern zeigen, dass das Recht auf Ferien nicht selbstverständlich ist.

1 Wie viel Ferien Arbeitnehmende machen dürfen, regelt heute das Schweizer Arbeitsgesetz. Dort heisst es: «Der Arbeitgeber hat dem Arbeitnehmer jedes Dienstjahr wenigstens vier Wochen, dem Arbeitneh-
5 mer bis zum vollendeten 20. Altersjahr wenigstens fünf Wochen Ferien zu gewähren.» Konkret bedeutet dies, dass in der Schweiz alle Arbeitnehmenden pro Jahr mindestens vier Wochen Ferien machen dürfen und dabei in dieser Zeit den normalen Lohn bekom-
10 men. Das klingt selbstverständlich. Dieses Gesetz ist aber nicht so alt, wie man denken könnte. Es stammt aus dem Jahr 1983 und ist das Ergebnis von einer langen Entwicklung.

Bis zur Mitte des 19. Jahrhunderts lebten die
15 meisten Menschen auf kleinen Bauernhöfen und produzierten fast alles selbst, was sie brauchten. Arbeitszeit und Freizeit waren nicht scharf getrennt. Ferien gab es schlicht nicht. Mit der Industrialisierung entstand eine neue Art von Arbeit. In einer Fabrik oder
20 einem Büro hatte der Arbeitstag einen klaren Anfang und ein klares Ende. Für die geleisteten Arbeitsstunden erhielt man einen Lohn. Aber die Arbeitsbedingungen waren oft sehr hart: Die Arbeitstage waren lang, der Lohn tief, die Arbeit ungesund, Versicherun-
25 gen gab es nicht und von Ferien war gar nicht erst die Rede – bis zum Jahr 1879. In diesem Jahr entstand das erste Gesetz, das dem Personal im öffentlichen Dienst das Recht auf Ferien zuschrieb. Beamte erhielten 12 bis 18 Tage Ferien pro Jahr, Arbeiter 4 bis
30 14 Tage.

Bis 1918 war man überzeugt, dass nur Büroangestellte Ferien benötigen. Kopfarbeit galt als anstrengender als körperliche Arbeit, von der man sich nicht speziell erholen musste. Erst nach 1918 erhielten im-
35 mer mehr Berufsgruppen gesetzlich geregelte Ferien. Doch die Arbeitnehmenden mussten dafür kämpfen. Sie organisierten sich in Vereinen und Gewerkschaften, die mit den Arbeitgebenden die maximale Arbeitszeit, Versicherungen und den Anspruch auf
40 Ferien aushandelten. Ein effektives Mittel war der Streik. Immer wieder legten Arbeitnehmende ihre Arbeit so lange nieder, bis die Arbeitgebenden zu Gesprächen bereit waren. Auf diese Weise entstanden über viele Jahrzehnte hinweg die Regelungen und Ge-
45 setze, die wir heute als selbstverständlich betrachten. 1966 entstand schliesslich das erste Gesetz, das ein Minimum von zwei Wochen bezahlten Ferien pro Jahr für alle Arbeitnehmenden in der ganzen Schweiz vorschrieb. 1983 erhöhte man den Ferienanspruch
50 auf vier bzw. fünf Wochen.

Das Recht auf Ferien wurde von vielen Generationen hart erkämpft. Und der weltweite Vergleich zeigt: Diese Entwicklung hätte auch anders verlaufen können. In Kanada und China beispielsweise haben
55 Arbeitnehmende gesetzlich nur Anspruch auf zwei Wochen bezahlte Ferien pro Jahr. Wer in China weniger als zehn Jahre in einer Firma angestellt ist, erhält sogar nur eine Woche Ferien pro Jahr. In den USA existiert gar kein Gesetz zum Ferienanspruch. Die Ar-
60 beitgebenden dürfen selbst entscheiden, wie viel Ferien die Arbeitnehmenden bekommen und ob sie in dieser Zeit auch einen Lohn erhalten. In Brasilien wiederum haben Arbeitnehmende ein Recht auf 30 Tage bezahlte Ferien pro Jahr. Das sind ganze zehn
65 Tage mehr als in der Schweiz. Die Mehrheit der Schweizerinnen und Schweizer scheint jedoch mit vier Wochen Ferienanspruch zufrieden zu sein. Sowohl 1985 als auch 2012 forderte eine Volksinitiative längere Ferien, aber beide Initiativen wurden bei
70 einer Volksabstimmung abgelehnt.

Was wäre, wenn ...?

T 16

1 Hör den Dialog und lies mit. Klär die Wörter.

💬 Ciao, Ana. Alles klar?

💬 Es geht so, ich habe ziemlich viele Prüfungen in den nächsten zwei Wochen und überhaupt keine Lust zu lernen. Und wie läuft's bei euch?

💬 Etwa gleich wie bei dir. Und dabei ist das Wetter gerade so super! Ich hätte jetzt viel lieber Ferien! Dann wäre ich den ganzen Tag nur in der Badi.

💬 Übrigens, ich habe gestern deinen Bruder gesehen. Ich hätte ihn fast nicht erkannt. Er trug einen Anzug und sah ganz anders aus als sonst. Wie gefällt ihm die KV-Lehre?

💬 Ganz gut, glaube ich. Es ärgert ihn einfach, dass er nur noch fünf Wochen Ferien pro Jahr hat.

💬 Uff, stellt euch das vor! Nur noch fünf Wochen Ferien pro Jahr! Ich wüsste wirklich nicht, wie ich das überleben würde.

💬 Ja, das stelle ich mir auch hart vor. Ich würde wahrscheinlich jeden zweiten Monat eine Woche frei nehmen.

💬 Das ginge während der Lehre ja gar nicht. Du müsstest dann Ferien nehmen, wenn an der Berufsfachschule Ferien sind.

💬 Stimmt, daran habe ich gar nicht gedacht. Also, mir wäre einfach wichtig, dass ich im Winter weiterhin ins Skilager gehen könnte. Aber ich könnte mir gut vorstellen, im Herbst und im Frühling auf Ferien zu verzichten und dafür dann im Sommer wieder wegzufahren.

💬 Ich würde auf keinen Fall im Sommer wegfahren, denn dann ist es hier ja auch schön. Ich würde lieber im Februar in einem teuren Hotel in den Bergen Ferien machen.

💬 Haha, in der Lehre würdest du doch niemals so viel Geld verdienen! Das Hotel wäre schon viel zu teuer! Das könntest du dir gar nicht leisten.

💬 Ja, klar, aber wenn ich Geld hätte, dann würde ich das machen.

💬 Jaja, wenn das Wörtchen *wenn* nicht wär ...

2 Lernt den Dialog in Aufgabe 1 fast auswendig und spielt ihn der Klasse vor.

3 Bearbeite im Arbeitsheft auf Seite 44 das Kapitel «Konjunktiv II im Präsens», auf Seite 47 das Kapitel «Was würdest du tun?» und auf Seite 48 das Kapitel «Nebensätze mit Konjunktiv II».

4 Lest die Situationen. Wählt eine Situation und überlegt euch, welche Argumente für und welche gegen die Vorschläge sprechen.

> **Situation 1**
>
> Stellt euch vor, ihr habt eine Woche Ferien und 400 Franken pro Person zur Verfügung. Ihr diskutiert, wie ihr eure Ferien gestalten könntet. Person A würde gerne mit einem Billigflug ans Meer reisen. Person B würde lieber umweltbewusster reisen.

> **Situation 2**
>
> Stellt euch vor, ihr könnt von Freitagabend bis Sonntagabend eine kleine Reise machen. Ihr habt 150 Franken pro Person zur Verfügung. Person A würde gerne eine Wanderung machen und im Zelt übernachten. Person B würde lieber eine Stadt besichtigen.

5 Stellt euch vor, ihr müsst für ein Theaterstück eine Szene mit der gewählten Situation schreiben. Schreibt euren Dialog so, dass das Publikum die Situation versteht und eurer Diskussion folgen kann. Ihr könnt auch witzige Vorschläge einbauen. Benützt aus jeder Liste mindestens eine Formulierung. Ihr könnt auch Teile aus dem Dialog in Aufgabe 1 benützen.

vorschlagen	einräumen
Was meinst du dazu, wenn …	Ja, das könnten wir schon machen, aber …
Ich hätte nichts dagegen, wenn …	Von mir aus könnten wir das machen, aber …
Wir könnten zum Beispiel …	Das wäre machbar, aber …
Wie wäre es, wenn wir …	Das finde ich zwar eine gute Idee, aber …

etwas einwenden	eigene Meinung ausdrücken
Das wäre gar nicht möglich, denn …	Mir wäre wichtig, dass …
Das könnte schwierig werden, denn …	Ich könnte mir gut vorstellen, … zu …
Das ginge ja gar nicht, weil …	Ich würde auf jeden/keinen Fall …
Das würde ich auf keinen Fall machen, weil …	Ich wäre eher der Meinung, …

etwas wünschen	über mögliche Konsequenzen sprechen
Mir wäre es lieber, wenn …	Wenn wir … machen würden, dann …
Ich hätte nichts dagegen, wenn …	Das würde bedeuten, dass …
Von mir aus könnte man …	Dann müssten wir ja …
Ich würde mir eher wünschen, dass …	Ja, gut. Aber dann musste man …

6 Lernt euren Dialog nach der Korrektur auswendig und spielt ihn der Klasse theatralisch vor.

Vortrag: Ferien – alles andere als selbstverständlich

1 Der Text auf Seite 45 ist die Grundlage für den Vortrag. Wenn du die Aufgaben dazu auf Seite 44 noch nicht bearbeitet hast, dann lös sie zuerst.

2 Lies den ganzen Text auf Seite 45 nochmals. Schreib die Zwischentitel von Aufgabe 2 auf Seite 44 auf vier Folien am Computer.

3 Lies die Angaben im Schüttelkasten und ordne sie den vier Folien zu. Falls du nicht sicher bist, kannst du im Text auf Seite 45 nachsehen.

Schweiz: Volksinitiative für längere Ferien 1985 und 2012 abgelehnt

Industrialisierung: neue Art von Arbeit entsteht

bekommen den normalen Lohn

1983: Erhöhung auf vier bzw. fünf Wochen

Nur Büroangestellte benötigen Ferien.

1879: erstes Feriengesetz für Beamte

Kanada und China: zwei Wochen

1966: erstes Gesetz für alle Arbeitnehmenden in der Schweiz

Gesetz stammt aus dem Jahr 1983.

schlechte Arbeitsbedingungen

1 pro Jahr mindestens vier Wochen Ferien

nach 1918: Ferien für andere Berufsgruppen

USA: kein Gesetz

4 Gestalte am Computer die vier Folien mit den Informationen aus Aufgabe 3 und mit passenden Bildern aus dem Internet. Gestalte auch eine Titel- und eine Schlussfolie.

5 Lies den Text auf Seite 45 noch zwei bis drei Mal laut.

6 Schreib deinen Vortrag mithilfe der folgenden Formulierungen und lass ihn korrigieren.

Titelfolie	Heutzutage finden wir es ganz normal, dass Arbeitnehmende ... In meinem Vortrag zeige ich aber, dass ... Ich werde euch erklären, wie sich das entwickelt hat.
Folie 1	Nach Schweizer Gesetzgebung haben Arbeitnehmende heute pro Jahr ... In dieser Zeit bekommen sie ... Dieses Gesetz ist aber noch nicht so alt, denn es ...
Folie 2	Mitte des 19. Jahrhunderts entstand mit der Industrialisierung ... Der Arbeitstag ... und man erhielt ... Jedoch waren die Arbeitsbedingungen ..., denn ... Ferien ... Erst im Jahr 1879 ... Dieses Gesetz galt jedoch nur für ...
Folie 3	Noch bis 1918 galt körperliche Arbeit ... Nur Büroangestellte erhielten Ferien, weil ... Erst nach 1918 ... Diese Entwicklung dauerte ... Die Arbeitnehmenden streikten immer wieder, um ... Schliesslich entstand 1966 ... und 1983 ...
Folie 4	Wenn man die Situation in der Schweiz mit anderen Ländern vergleicht, sieht man, dass ... In Kanada und China zum Beispiel ... In den USA ... Es gibt aber auch Länder, in denen die Arbeitnehmenden ... In Brasilien zum Beispiel ... Trotzdem scheint man in der Schweiz ... 1985 und 2012 forderten Volksinitiativen ..., aber ...
Schlussfolie	Das ist das Ende von meinem geschichtlichen Überblick zur Ferienregelung. Danke für eure Aufmerksamkeit.

7 Lern deinen Vortrag nach der Korrektur mit den Folien frei sprechen.

8 Halte deinen Vortrag. Das Publikum gibt Rückmeldungen dazu.

9 Notier, worauf du beim nächsten Vortrag achten willst.

_____

_____

_____

_____

_____

_____

_____

_____

_____

Längere Sommerferien – ein kontroverses Thema

1 Lies den Titel vom Kapitel. Was könnte in einem Radiobeitrag zu diesem Thema vorkommen? Notier einige Vermutungen in Stichworten.

_____

_____

_____

_____

_____

_____

_____

T 17

2 Hör den ersten Teil des Radiobeitrags. Vergleich mit deinen Stichworten. Markier die Vermutungen, die richtig waren.

3 Wie lange dauern die Sommerferien an den erwähnten Orten? Hör den Beitrag nochmals und notier die unterschiedliche Dauer in die Tabelle.

Ort	Dauer der Sommerferien
Österreich	
Frankreich	
Italien	
Bulgarien	
Deutschschweiz	
Kanton Genf	
Kanton Tessin	

T 18

4 Hör den zweiten Teil des Radiobeitrags und notier die Pro- und die Contra-Argumente zu längeren Sommerferien, die im Beitrag erwähnt werden.

Pro-Argumente	Contra-Argumente

A

5 Bearbeite im Arbeitsheft auf Seite 50 das Kapitel «_Hätte, könnte, würde, müsste ..._».

6 Ergänz die Liste von Aufgabe 4 mit weiteren Pro- und Contra-Argumenten, die dir jetzt einfallen.

7 Schreib eine Stellungnahme zum Thema «Längere Sommerferien – ja oder nein?» mit deiner eigenen Meinung. Benütz die Textstruktur und die Formulierungen.

Einleitung	In der Schweiz dauern die Sommerferien ...
	In anderen Ländern jedoch ...
	Die Frage ist nun, ob ...
	Im folgenden Text zeige ich die Argumente dafür und dagegen und nehme selbst Stellung dazu.
Zusammenfassung Pro-Argumente	Es gibt einige Argumente, die für längere Sommerferien sprechen.
	Erstens ...
	Ausserdem ...
	Ein anderes Argument für längere Sommerferien ist, dass ...
Zusammenfassung Contra-Argumente	Auf der anderen Seite spricht auch einiges gegen längere Sommerferien.
	Man hat zum Beispiel die Erfahrung gemacht, dass ...
	Zudem weiss man, dass ...
	Für viele Eltern ...
	Ausserdem wären dann ..., wenn ...
	Das fänden ...
meine Meinung	Persönlich unterstütze ich die Meinung, dass ...
	Der Grund dafür ist, dass ...
	Ich selbst bin der Meinung, dass ... sollte(n), weil ...
	Ich wäre für/gegen längere Sommerferien, weil ...
	Ich könnte mir gut/nicht vorstellen, ... zu ...
	Ich wüsste nicht, wie ...
	Mir wäre wichtig, dass ...
	Mir wäre es egal, wenn ...
	Meiner Meinung nach wäre es ...
	Meiner Meinung nach müsste/sollte man ...
	Ich würde mir wünschen, dass ...
	Mir persönlich ist nicht ganz klar, warum/wie/ob ...

Ferienangebote in der Schweiz

1 Lies die Titel der Texte auf dieser Doppelseite und schau die Bilder an. Wähl einen Text, der dich interessiert.

1.

Reka-Feriendörfer

Für eine mehrköpfige Familie sind Ferien oft eine teure Sache. Eine Ferienwohnung für zwei Erwachsene und zwei Kinder kostet je nach Standort für eine Woche schnell einmal 2000 Franken und Hotels sind noch teurer. Ein beliebtes Reiseziel für Schweizer Familien sind deshalb die Feriendörfer der Schweizer Reisekasse (Reka). Diese Feriendörfer sind kinder- und familienfreundliche Ferienanlagen mit vielen Ferienwohnungen von unterschiedlicher Grösse. Familienfreundlich sind sie deshalb, weil sie oft über ein grosses Angebot verfügen: einen Spielplatz, ein eigenes Schwimmbad, diverse Anlagen für Minigolf, Tischtennis usw. sowie Kinderbetreuung mit Freizeitprogramm und einen Mietservice für Kinderartikel. Weil hier vor allem Familien Ferien machen, finden die Kinder und Jugendlichen immer Gleichaltrige, um etwas zu unternehmen. In der Schweiz gibt es zwölf Feriendörfer in beliebten Ferienregionen wie Graubünden, dem Berner Oberland, Wallis oder Tessin. Zudem gibt es ein Feriendorf in der Toskana in Italien. Die Mieten für die Ferienwohnungen sind im Vergleich zu anderen Angeboten tief, sodass auch Familien mit kleinem Einkommen sie bezahlen können.

2.

Pro Juventute Ferienpass

Kinder und Jugendliche im Schulalter haben viel mehr Ferien als ihre Eltern. Damit die Kinder und Jugendlichen in ihrer Ferienzeit dennoch etwas unternehmen können, auch wenn ihre Eltern arbeiten müssen, bietet die Organisation Pro Juventute in vielen Regionen der Schweiz einen sogenannten Ferienpass an. Dieser bietet verschiedene Ferienaktivitäten für 6- bis 16-Jährige wie zum Beispiel Wanderungen oder Velotouren, ein- oder mehrtägige Kurse und Projektwochen sowie Ferienlager. Da kann man zum Beispiel eigene Schokolade herstellen, einen Film drehen, eine Höhle erforschen, die Rega besichtigen, einen Tanz- oder Singkurs besuchen, ein Zirkusprogramm einstudieren oder bouldern und klettern lernen. Für Familien mit wenig Geld gibt es auch die Möglichkeit, die Angebote zu reduzierten Preisen zu buchen.

3.

Agriviva

Für Ferienerlebnisse der etwas anderen Art sorgt der Verein Agriviva. Der Name verrät schon ein wenig, worum es dabei geht: Der Wortteil *agri* kommt vom lateinischen Wort *agricultura*, das «Ackerbau» oder «Landwirtschaft» bedeutet. Der zweite Wortteil *viva* kommt ebenfalls aus dem Lateinischen und bedeutet «lebendig». Der Verein ermöglicht es Jugendlichen, in den Ferien zwei oder mehr Wochen auf einem Bauernhof bei einer Bauernfamilie zu leben und bei der landwirtschaftlichen Arbeit mitzuhelfen. Das können ganz verschiedene Arbeiten sein – den Kuhstall ausmisten, im Garten arbeiten, Kirschen pflücken, heuen, Produkte für den Hofladen herstellen, Kleintiere versorgen und so weiter. Das Ziel ist, neue Erfahrungen zu sammeln und einen Einblick zu bekommen, woher unsere Lebensmittel eigentlich kommen. Pro Tag erhält man übrigens ein kleines Taschengeld und der Aufenthalt ist gratis.

Schweizer Jugendherbergen

Eine gute Möglichkeit, in der Schweiz günstig Ferien zu machen, sind die Schweizer Jugendherbergen. Das sind ganz einfache Hotels. In einem Zimmer schlafen meistens mehrere Personen und die Duschen und Toiletten teilt man sich. Manchmal gibt es auch Einzel- oder Doppelzimmer, aber die sind meistens teurer. In den Herbergen gibt es ausser Schlafzimmern oft auch einen Aufenthaltsraum, in dem man lesen, schwatzen, Pingpong oder Tischfussball spielen kann, sowie einen Aussenbereich. In der Jugendherberge kann man auch essen. Das Frühstück ist im Preis für die Übernachtung inbegriffen, für alle anderen Mahlzeiten muss man separat bezahlen.

Die Herbergen gehören dem Verein Schweizer Jugendherbergen. Um in einer Schweizer Jugendherberge übernachten zu können, muss man Mitglied im Verein sein. Der Verein wurde 1924 gegründet mit dem Ziel, günstige Übernachtungsmöglichkeiten für junge Menschen, Jugendgruppen und Schulklassen zu schaffen. Das sind auch heute noch die häufigsten Gäste in den Schweizer Jugendherbergen. Allerdings müssen Jugendliche mindestens 16 Jahre alt sein, um ohne Eltern in einer Jugendherberge zu übernachten. Zudem übernachten auch ältere Erwachsene oder Familien gerne dort, wenn sie zum Beispiel auf einer Velotour sind und eine günstige Übernachtungsmöglichkeit brauchen.

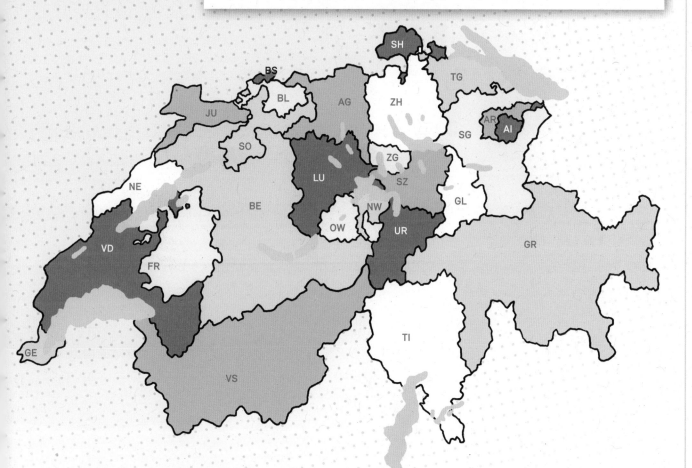

2   Lies den gewählten Text. Markier, für wen das Angebot gedacht ist (blau), welche Aktivitäten angeboten werden (grün) und was das Ziel des Angebots ist (gelb).

3   Such einen Mitschüler oder eine Mitschülerin, der oder die einen anderen Text bearbeitet hat. Erzählt euch gegenseitig, was in euren Texten steht.

4   Bearbeite im Arbeitsheft auf Seite 51 das Kapitel «Wörter zergliedern» und auf Seite 52 das Kapitel «Ferien planen».

Inhalt

Das kann ich.

Ich kann eine Expertenmeinung zum Thema Jugendliebe verstehen. ☺ 😐 ☹

Ich kann einen Fachtext über Beziehungen verstehen. ☺ 😐 ☹

Ich kann einen Dialog variieren und vorspielen. ☺ 😐 ☹

Ich kann einen Vortrag zum Thema Beziehungen vorbereiten und halten. ☺ 😐 ☹

Ich kann einen Aufsatz zum Thema Freundschaft schreiben. ☺ 😐 ☹

Erste Liebe

1 Lies den Titel und die Begriffe in der Tabelle. Klär die Wörter und notier weitere Begriffe, die dir zum Thema einfallen.

Liebesbeziehung	
Gefühle	Erwartungen
Schmetterlinge im Bauch	einen guten Charakter haben
die Sehnsucht	vertrauen können

2 Vergleicht die notierten Begriffe und ergänzt eure Tabellen.

3 Diskutiert, welche Begriffe für euch in einer Liebesbeziehung am wichtigsten sind.

> Für mich ist das Gefühl «Schmetterlinge im Bauch» am wichtigsten, weil …

> Das finde ich nicht. Für mich ist es wichtiger, dass …

4   Im Interview beantwortet der Jugendpsychologe vier Fragen zum Thema «erste Liebe». Lies die Fragen. Hör das Interview und notier die Reihenfolge.

- [ ] Haben sich die Erwartungen an Partnerinnen und Partner gegenüber früher verändert?
- [ ] Wann kommt diese erste Liebe überhaupt?
- [ ] Weiss man, wie sich Jugendliche eine Beziehung vorstellen?
- [ ] Ist das bei allen Jugendlichen ähnlich?

5   Hör das Interview nochmals und notier Stichworte zu den vier Fragen.

6   Welche Stichworte habt ihr notiert? Tauscht euch aus und hört das Interview anschliessend nochmals.

> Bei der ersten Frage habe ich «Liebesgefühle bereits vor der Pubertät» geschrieben. Und du?

> Ich habe geschrieben «ab 14 über Liebe nachdenken». Was hast du zur zweiten Frage geschrieben?

7   Lies die Texte und klär die Wörter.

- [ ] Viele lernen ihre erste Liebe während der Schulzeit kennen. Das kann aber auch zu Komplikationen führen, weil nicht alle Verständnis dafür haben, wenn sich ein Liebespaar öffentlich küsst – zum Beispiel auf der Strasse oder auf dem Pausenplatz.

- [ ] Bei vielen Jugendlichen ist der erste Liebeskontakt ein kleiner Flirt. Man lernt das Gegenüber an einer Party, im Schwimmbad oder in den Ferien kennen. Und bevor es eigentlich losgeht, ist es schon wieder vorbei. Was übrig bleibt, ist eine schöne Erinnerung.

- [ ] Viele Jugendliche haben ihre ersten Dates mit Bekanntschaften aus Dating-Apps. Auch auf diesem Weg finden sich Liebespaare. Auf den Dating-Apps kann man nach heterosexuellen und nach gleichgeschlechtlichen Partnerschaften suchen.

- [ ] Viele Jugendliche waren noch nie in einer Liebesbeziehung. Dies kann daran liegen, dass sie die richtige Person noch nicht gefunden haben oder dass die Eltern das nicht dulden.

8   Hör, was Jugendliche zum Thema «erste Liebe» berichten. Nummerier die Texte in Aufgabe 7 in der Reihenfolge der Berichte.

T 20

9   Hör die Berichte nochmals und markier die Schlüsselwörter in Aufgabe 7, die dir klargemacht haben, welcher Text zu welchem Bericht gehört.

10   Bearbeite im Arbeitsheft auf Seite 55 das Kapitel «Liebe und Beziehung» und auf Seite 56 das Kapitel «Test: Welcher Flirttyp bist du?».

A

Soziale Beziehungen

1   **Lies den Titel vom Text auf Seite 57 und schau das Bild an. Was kommt dir dazu in den Sinn? Notier Stichworte.**

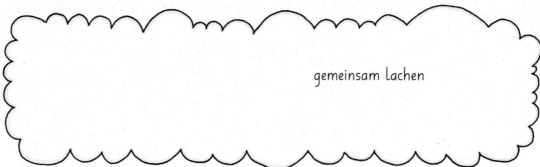

gemeinsam lachen

2   **Lies den Lead, das heisst den Abschnitt unter dem Titel vom Text auf Seite 57. Ergänz weitere Stichworte in Aufgabe 1.**

3   **Lies die folgenden Zwischentitel. Zu welchen Abschnitten gehören sie? Lies den ganzen Text auf Seite 57 und notier die Zeilennummern in die Tabelle.**

Zwischentitel	Zeilennummern
Soziale Beziehungen früher und heute	Zeilen ____ bis ____
Soziale Beziehungen zu verschiedenen Menschen	Zeilen ____ bis ____
Eltern bleiben wichtig	Zeilen ____ bis ____
Soziale Beziehungen in der Kindheit und Adoleszenz	Zeilen ____ bis ____

4   **Lies den ersten Abschnitt genau und markier grün, mit welchen Menschen wir soziale Beziehungen pflegen.**

5   **Lies die folgenden drei Ausdrücke. Such im zweiten Abschnitt die dazu passenden Wörter und notier sie.**

1. der Altersabschnitt zwischen der Kindheit und dem Erwachsenenleben _____

2. immer allein sein wollen _____

3. Personen, die gleich alt sind _____

6   **Lies den dritten Abschnitt genau. Markier rot, wie das soziale Leben der Kinder vor 1874 war, und blau, wie das soziale Leben der Kinder danach war.**

7   **Lies den vierten Abschnitt genau und markier, warum sich Jugendliche zuerst an Gleichaltrige wenden.**

8   **Lies nochmals den ganzen Text und fass jeden Abschnitt in einem Satz zusammen.**

9   **Bearbeite im Arbeitsheft auf Seite 58 das Kapitel «Nomen und Adjektive im Genitiv».**

Freundschaft und Familie

Andere Menschen sind ein wichtiger Teil unseres Lebens. In der Kindheit hat vor allem die Familie einen wichtigen Stellenwert. Mit zunehmendem Alter nimmt die Bedeutung des Freundeskreises zu.

1 Soziale Beziehungen sind ein wichtiger Teil unseres Lebens. Während unseres ganzen Lebens sind wir von Menschen umgeben. Mit all diesen Menschen haben wir unterschiedliche soziale Beziehun-
5 gen: Wir haben beispielsweise eine Beziehung zu unseren Eltern, zu unseren Geschwistern und zu unseren Grosseltern. Wir haben aber auch eine Beziehung zum besten Freund, zu Mitschülerinnen, zu Teammitgliedern im Sportverein, zu unserem Liebes-
10 partner – oder dank der sozialen Medien auch zu Menschen, die wir nie persönlich getroffen haben. Die Beziehungen zu all diesen Menschen unterscheiden sich voneinander. Sie sind unterschiedlich tief und haben eine unterschiedliche Funktion.

15 Soziale Beziehungen verändern sich innerhalb eines Lebens. In unserer Kultur ist es so, dass die Eltern besonders in der Kindheit eine sehr wichtige Rolle spielen. Sie sind die wichtigsten Personen für kleine Kinder und haben die Funktion eines Vorbilds.
20 In der Adoleszenz ändert sich das bei vielen Jugendlichen. Neben den Eltern werden die Freunde und Kolleginnen immer wichtiger. Jugendliche möchten keine Einzelgänger sein, sondern von den Gleichaltrigen akzeptiert und anerkannt werden. Einige
25 möchten gerne immer im Mittelpunkt des Geschehens sein, andere nicht, weil sie nicht gerne auffallen oder nicht genug Selbstvertrauen haben.

Die sozialen Beziehungen haben sich aber auch über die Jahrhunderte verändert. Im Allgemeinen ha-
30 ben die Jugendlichen heute in Europa untereinander viel mehr Kontakt als noch vor 200 Jahren. Damals spielte sich das Leben der jungen Menschen vor allem in der Familie ab. Die Kinder mussten nicht zur Schule gehen und sie waren meist unter Aufsicht der
35 Erwachsenen. Vor allem Mädchen und junge Frauen kannten so etwas wie Freundeskreise ausserhalb des Familienhauses praktisch nicht. Als die Schulpflicht 1874 eingeführt und die Kinderarbeit verboten wurde, veränderte sich dies langsam. Kinder aus armen
40 Familien mussten vor und nach dem Schulunterricht weiterhin viel arbeiten. Aber auch sie verbrachten in der Schule viel Zeit mit anderen Kindern. Dadurch hatten fast alle Kinder Gelegenheit, Freundschaften ausserhalb des Familienhauses zu schliessen. Kinder
45 aus reichen Familien konnten natürlich auch die Freizeit mit anderen Kindern verbringen. So entstanden neue soziale Beziehungen unter Gleichaltrigen, die davor nicht im gleichen Masse möglich gewesen waren.

50 Heute sind die sozialen Beziehungen zu Gleichaltrigen besonders für Jugendliche sehr wichtig. Bei Fragen wenden sich viele zuerst an Gleichaltrige, weil sie das Gefühl haben, von diesen besser verstanden zu werden als von den Eltern oder Grosseltern. Die
55 Eltern sind aber für die meisten bis ins Erwachsenenalter emotional und finanziell eine wichtige Stütze und können wichtige Ratschläge geben.

Viele Freundschaften – ein Zeitproblem?

1 Hör die Dialoge und lies mit. Klär die Wörter.

T 21 – T 22

Dialog 1

💬 Sevi, ich brauche deinen Rat.

💬 Worum geht es?

💬 Du weisst doch, dass Livio und ich beste Freunde sind. Seit Livio aber mit Alina zusammen ist, hat er nie Zeit für mich.

💬 Seit wann ist denn Livio mit Alina zusammen?

💬 So ungefähr seit zwei Monaten. Seither habe ich ihn nur ein Mal gesehen.

💬 Und vorher? Wie oft habt ihr euch vorher getroffen?

💬 Während der Sek haben wir jede freie Minute miteinander verbracht. Seit wir in der Lehre sind, haben wir uns sicher jedes Wochenende getroffen.

💬 Und jetzt ist Livio am Wochenende immer mit Alina zusammen.

💬 Genau.

💬 Hast du das Livio schon gesagt?

💬 Nein, noch nicht. Das ist es eben. Was soll ich ihm sagen? Ich kann doch nicht sagen, er soll Alina weniger oft treffen.

💬 Sicher nicht! Aber hast du denn versucht, mit Livio abzumachen?

💬 Wie meinst du das?

💬 Hast du ihm konkret vorgeschlagen, an einem Wochenende etwas zu unternehmen?

💬 Nein, er ist ja immer mit Alina zusammen.

💬 Und wie wäre es, wenn du ihm vorschlagen würdest, etwas zu dritt zu unternehmen? Du kennst ja Alina.

💬 Das wäre schon möglich. Aber würden Livio und Alina das wollen?

💬 Das weiss ich nicht. Du musst sie fragen.

💬 Meinst du?

💬 Ja, das meine ich! Probieren geht über studieren!

Dialog 2

💬 Selina, hast du kurz Zeit?

💬 Klar, was ist?

💬 Sind wir nun beste Freundinnen oder nicht?

💬 Ja, natürlich. Warum fragst du?

💬 Das weisst du ganz genau. Seit einigen Wochen verbringst du viel mehr Zeit mit Rosalie als mit mir.

💬 Das stimmt doch gar nicht! Wir sehen uns ja auch oft.

💬 Aber ich bin deine beste Freundin.

💬 Ich verstehe nicht. Was ist dein Problem?

💬 Mir scheint, als wäre jetzt Rosalie deine beste Freundin und ich bin nicht mehr so wichtig für dich.

💬 So was Dummes habe ich noch selten gehört.

💬 Aber es ist doch so. Früher gab es nur dich und mich. Jetzt ist es nicht mehr so.

💬 Ja, und? Ich kann doch mehrere beste Freundinnen haben.

💬 Das wäre für mich komisch. Ich kann nur *eine* beste Freundin haben. Die anderen sind Kolleginnen.

💬 Das scheint mir eine seltsame Vorstellung von Freundschaft. Ich mag euch beide sehr und ich verbringe gerne Zeit mit euch beiden. Ich hoffe, du kannst damit umgehen, dass ich mehrere beste Freundinnen habe, trotz deiner Vorstellungen.

💬 Hmm.

💬 Ach, komm schon. Vielleicht müssen wir auch mal etwas zu dritt unternehmen, du kennst Rosalie ja eigentlich nur vom Sehen. Bist du dabei?

💬 Hmm, okay. Vielleicht schätze ich sie ja falsch ein.

2 Wählt einen Dialog. Lernt ihn fast auswendig und spielt ihn in der Klasse vor.

3 Wählt einen Dialog von Aufgabe 1 und schreibt einen Paralleldialog. Ihr könnt die markierten Teile durch eigene Inhalte ersetzen oder ganz neue Sätze schreiben. Ihr könnt auch Sätze aus dem anderen Dialog benützen.

4 Lernt euren Dialog nach der Korrektur auswendig und spielt ihn in der Klasse theatralisch vor.

5 Bearbeite im Arbeitsheft auf Seite 62 das Kapitel «Satzanalyse: Hauptsatz – Nebensatz».

Vortrag: Freundschaft und Familie

1 Der Text auf Seite 57 ist die Grundlage für den Vortrag. Falls du die Aufgaben dazu auf Seite 56 noch nicht bearbeitet hast, dann lös sie zuerst.

2 Lies den ganzen Text auf Seite 57 nochmals und schreib die Zwischentitel von Aufgabe 3 auf Seite 56 auf vier Folien am Computer.

3 Lies die Angaben im Schüttelkasten und ordne sie den vier Folien zu. Falls du nicht sicher bist, kannst du im Text auf Seite 57 nachsehen.

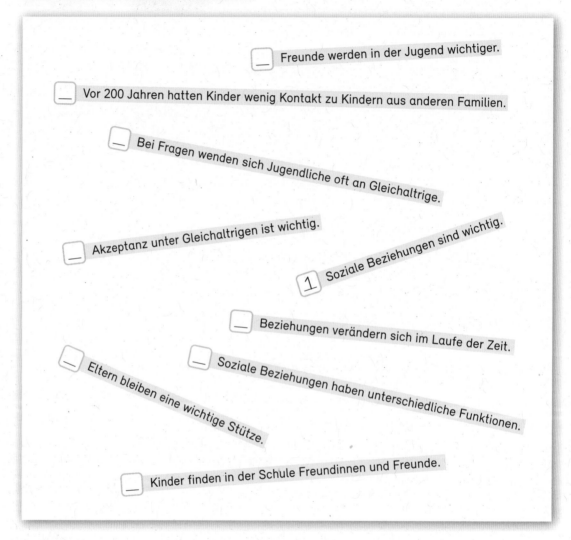

___ Freunde werden in der Jugend wichtiger.

___ Vor 200 Jahren hatten Kinder wenig Kontakt zu Kindern aus anderen Familien.

___ Bei Fragen wenden sich Jugendliche oft an Gleichaltrige.

___ Akzeptanz unter Gleichaltrigen ist wichtig.

_1_ Soziale Beziehungen sind wichtig.

___ Beziehungen verändern sich im Laufe der Zeit.

___ Soziale Beziehungen haben unterschiedliche Funktionen.

___ Eltern bleiben eine wichtige Stütze.

___ Kinder finden in der Schule Freundinnen und Freunde.

4 Gestalte am Computer die vier Folien mit den Angaben aus dem Schüttelkasten aus Aufgabe 3 und mit passenden Bildern aus dem Internet. Gestalte auch eine Titel- und eine Schlussfolie.

5 Lies den Text auf Seite 57 noch zwei bis drei Mal laut.

6   **Schreib deinen Vortrag mithilfe der folgenden Formulierungen und lass ihn korrigieren.**

Titelfolie	Mein Vortrag handelt von ...
Folie 1	Während unseres Lebens ...
	Wir haben Beziehungen mit ...
	Natürlich haben wir auch Kontakt zu ...
Folie 2	Soziale Beziehungen sind ein ... Teil ...
	Die Bedeutung ... ändert sich ...
	In der Schweizer Kultur ist es so, dass ...
	In der Adoleszenz ändert sich das bei ...
	... werden immer wichtiger.
	... verlieren/gewinnen an Bedeutung.
Folie 3	Die sozialen Beziehungen haben sich ...
	Vor 200 Jahren spielte sich das Leben ... ab.
	Kinder mussten damals ...
	Besonders Mädchen und junge Frauen kannten ...
	Als 1874 die Schulpflicht ...
	Kinder aus armen Familien mussten ...
	Sie waren aber in der Schule im Kontakt mit ...
	So hatten alle Kinder ...
	Kinder aus reichen Familien konnten ...
	So entstanden ...
Folie 4	Auch heute noch ...
	Jugendliche wenden sich bei Fragen öfter an ... , weil ...
	Die Eltern sind aber nach wie vor für viele ...
Schlussfolie	Vielen Dank für eure Aufmerksamkeit.

7   **Lern deinen Vortrag nach der Korrektur mit den Folien frei sprechen.**

8   **Halte deinen Vortrag. Das Publikum gibt Rückmeldungen dazu.**

9   **Notier, worauf du beim nächsten Vortrag achten willst.**

_____

_____

_____

_____

_____

_____

_____

_____

_____

_____

Beste Freundinnen oder Freunde

1 **Lies die Texte und klär die Wörter.**

Michael

Rahel

So müsste mein bester Freund sein

Ich hatte in meinem Leben schon viele Freunde. Bis heute habe ich aber noch keinen besten Freund gefunden. In diesem Text möchte ich erläutern, was für mich ein bester Freund ist.

Warum ich keinen besten Freund habe, weiss ich nicht. Ich bin eigentlich eine aufgestellte Person und lache gerne. Ich mache auch manchmal Witze über andere. Das meine ich dann aber nicht böse, ich finde es einfach lustig. Ausserdem kann ich gut zuhören, wenn jemand ein Problem hat. Und natürlich erzähle ich es nicht weiter. Ein bester Freund muss ähnlich ticken, sonst wird es schwierig.

Von einem besten Freund erwarte ich, dass wir gemeinsam viel unternehmen und über alles Mögliche sprechen. Natürlich müsste ich ihm vertrauen können, so wie er mir vertrauen kann. Mein bester Freund müsste meine Witze verstehen und auch darüber lachen können. Wichtig ist mir auch, dass man sich versteht, ohne alles erklären zu müssen.

Natürlich gibt es auch Dinge, die mich stören würden. Ich könnte es zum Beispiel nicht ertragen, wenn mein bester Freund arrogant oder eingebildet wäre. Er sollte sich vor mir auch nicht verstellen und mir ein Theater vorspielen. Gar nicht infrage käme ein Freund, der aggressiv ist und ständig provozieren muss.

Ich weiss ziemlich genau, wie mein bester Freund sein sollte. Ich weiss aber auch, dass ich flexibel sein muss. Es gibt immer Situationen, in denen man sich über längere Zeit nicht sieht oder sogar Streit hat. Das muss man beim besten Freund aushalten können, sonst bleibt eine Freundschaft nicht lange bestehen.

Meine beste Freundin

Meine beste Freundin heisst Lena. Wir kennen uns schon seit sechs Jahren und wir haben auch schon viel miteinander erlebt. In diesem Text erkläre ich, warum wir beste Freundinnen sind.

Lena und ich sind beste Freundinnen, weil wir beide fröhliche Personen sind. Wir gehen beide gerne spazieren und plaudern gerne über Gott und die Welt. Manchmal bin ich aber auch traurig, meistens wegen meiner Eltern. Dann spreche ich wenig oder gar nicht. In solchen Situationen versteht Lena mich sehr gut. Wenn das nicht so wäre, wäre Lena sicher nicht meine beste Freundin.

Natürlich erwarte ich von meiner besten Freundin, dass sie für mich da ist, wenn ich sie brauche. Ich bin für sie auch da, wenn sie mich braucht. Das ist wichtig, so können wir uns gegenseitig unterstützen. Für mich ist es wichtig, dass man sich auch nur mit einem Blick versteht.

Was für mich gar nicht infrage kommt, ist eine beste Freundin, die immer nur an sich selbst denkt. Es wäre unerträglich für mich, wenn sie ständig nur von sich sprechen und nie zuhören würde. Es wäre für mich auch inakzeptabel, wenn meine beste Freundin mich im Stich liesse, wenn ich Probleme habe. Das könnte ich nicht hinnehmen.

Ich habe eigentlich eine klare Vorstellung, was eine beste Freundin ist. Aber ich weiss auch, dass eine beste Freundin nicht einfach vom Himmel fällt. Man muss miteinander reden und sagen, was man mag und was man nicht mag.

2 Lies die Texte in Aufgabe 1 nochmals und markier im Balken links die Abschnitte mit den folgenden Farben.

Das erwarte ich.   Das bin ich.   Das ist mein Fazit.   Das geht nicht.   Das ist heute.

3 Markier in den Texten von Aufgabe 1, was auch du von einer Freundschaft erwartest.

4 Schreib einen Text zum Thema mit deinen eigenen Meinungen. Benütz die Textstruktur und die Formulierungen. Gib deinem Text am Schluss einen passenden Titel.

Einleitung	Bis heute hatte ich ...
	Momentan habe ich ...
	In diesem Text möchte ich erläutern, ...
So bin ich.	Ich bin/mag ...
	Ausserdem bin ich ...
	Ich bin eine ... Persönlichkeit.
	Ich schätze es, wenn ...
	Besonders wichtig ist mir, dass ...
meine Erwartungen	Mein bester Freund / Meine beste Freundin müsste ...
	Wichtig ist für mich, dass er/sie ...
	Ich geniesse es, wenn wir zusammen ...
	Ich erwarte auch, dass ...
	Meine beste Freundin muss unbedingt ...
So soll er/sie nicht sein.	Er/Sie darf auf keinen Fall ...
	Es stört mich, wenn ...
	Ich kann es nicht ausstehen, wenn ...
	Ich finde es anstrengend, ...
Schluss	Mir ist klar, ...
	Ich weiss aber auch, ...
	Freundschaft heisst auch ...
	Eine beste Freundin / Ein bester Freund bedeutet für mich ...

Kurze Geschichte der Schweiz von 1291 bis 1848

1 Hör die Texte und lies mit. Konzentrier dich auf das, was du verstehst.

Der Rütlischwur

Bundesbrief
von 1291

Ein Bündnis von vielen

Die politische Schweiz, wie wir sie heute kennen, wurde 1848 gegründet. Zuvor gab es auf dem Gebiet der heutigen Schweiz verschiedene eigenständige Stadt- und Landorte, die miteinander Beziehungen pflegten und auch Bündnisse hatten. Ein Bündnis ist ein Vertrag, um sich zu unterstützen. So gab es zu dieser Zeit verschiedene Bündnisse von Orten, die gemeinsam Handel betrieben und sich militärisch unterstützten. Aus einem solchen Bündnis entstand die Alte Eidgenossenschaft und schliesslich die heutige Schweiz.

Gemäss der Legende trafen sich am 1. August 1291 die Vertreter aus Uri, Schwyz und Unterwalden, um ein Bündnis zu schliessen. Sie trafen sich auf der Rütliwiese am Ufer des Vierwaldstättersees und schworen, sich wirtschaftlich und militärisch zu unterstützen.

Dieses Bündnis wurde in einem Dokument, dem sogenannten Bundesbrief, festgehalten. Es gab noch mehrere andere solche Briefe, aber dieser blieb erhalten und gilt als Gründungsurkunde der Eidgenossenschaft. Zu jener Zeit gehörte das ganze Gebiet der heutigen Schweiz zum Heiligen Römischen Reich. Die einzelnen Orte waren aber selbstständig und konnten darum Bündnisse schliessen.

Die Alte Eidgenossenschaft wird grösser

Die Eidgenossenschaft wuchs über die Jahrhunderte von 3 Orten zuerst auf 8, dann auf 13 Orte. Ab circa 1400 eroberten die 13 Orte verschiedene Regionen der heutigen Schweiz. Zuerst wurde der Aargau erobert, der den Habsburgern gehörte. Später folgten der Thurgau, das Sarganserland und das Gebiet des heutigen Tessins, das den Fürsten von Mailand gehörte. 1648 wurden in Europa nach dem Dreissigjährigen Krieg verschiedene Friedensverträge zwischen den Königreichen unterzeichnet. Dabei gelang es der Alten Eidgenossenschaft, aus dem Heiligen Römischen Reich auszutreten. Sie wurde mehr und mehr als eigenständiges Bündnis akzeptiert.

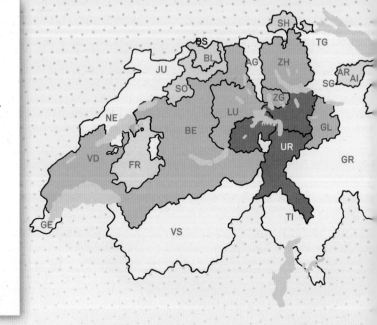

2 Bearbeite im Arbeitsheft auf Seite 65 das Kapitel «Beitritt der Kantone in die Eidgenossenschaft».

3 Hör die Texte und lies mit. Konzentrier dich auf das, was du verstehst.

T 24

Schwierigkeiten innerhalb der Eidgenossenschaft

Innerhalb der Eidgenossenschaft gab es immer wieder Spannungen und Kriege zwischen den einzelnen Orten. Besonders schwierig war die Situation nach der Reformation, die 1517 in Deutschland vom Pfarrer Martin Luther angestossen wurde. Zu jenem Zeitpunkt war die grosse Mehrheit der Bevölkerung katholisch. Doch einige Fürsten und Pfarrer in Europa begannen, die Regeln der katholischen Kirche zu hinterfragen. In Zürich war dies der Pfarrer Huldrych Zwingli, in Bern Berchtold Haller, in Genf Johannes Calvin. Sie wollten die Regeln der katholischen Kirche reformieren, das heisst erneuern, und überzeugten die Stadtregierungen von ihren Ideen. So entstanden in der Eidgenossenschaft reformierte Orte, während andere Orte katholisch blieben. Von 1520 bis 1848 kam es deshalb immer wieder zu sogenannten Glaubenskriegen zwischen den Orten.

Das Ende der Alten Eidgenossenschaft

1789 begann in Frankreich die Französische Revolution. Das Königshaus wurde gestürzt und es wurde eine neue Staatsform eingerichtet, die Republik. Die Regierung bestand jetzt aus Vertretern des Bürgertums. Die Französische Revolution führte auch zu Unruhen in der Alten Eidgenossenschaft. Die Untertanengebiete wollten sich von der Herrschaft der mächtigen Orte wie Bern, Basel und Zürich loslösen und baten die Franzosen um Hilfe. Nachdem die französischen Truppen die Eidgenossenschaft besetzt hatten, wurde aus den 13 Orten der Alten Eidgenossenschaft ein einziger Staat gemacht. Die Untertanengebiete wie zum Beispiel der Aargau, die Waadt und das Tessin wurden zu unabhängigen Kantonen und jeder der insgesamt 19 Kantone war gleichberechtigt. Dieser Staat hiess Helvetische Republik und existierte von 1798 bis 1803. Nachdem die französischen Truppen abgezogen waren, zerstritten sich die Kantone, weshalb die Helvetische Republik nur wenige Jahre dauerte. Nach verschiedenen Kriegen in Europa wurden 1815 am Wiener Kongress die Landesgrenzen verschiedener Staaten neu bestimmt. Der Kongress bestimmte auch die Landesgrenzen der Schweiz und anerkannte die Schweiz als vollwertigen Staat.

■ 3 älteste Orte

■ Erweiterung auf 8 Orte

■ Erweiterung auf 13 Orte

□ übrige Gebiete der Eidgenossenschaft

Sonderbundskrieg und erste Bundesverfassung

Die reformierten Kantone wünschten, dass jeder Kanton eine moderne politische Ordnung nach dem Vorbild der französischen Republik habe. Die katholischen Kantone waren aber dagegen. Sie wollten, dass alles so blieb, wie es früher in der Alten Eidgenossenschaft war. Die katholischen Kantone gründeten deshalb 1845 einen eigenen Bund, den Sonderbund. Die reformierten Kantone waren gegen diesen Sonderbund. So kam es 1847 zum Krieg. Die reformierten Kantone gewannen den Sonderbundskrieg und konnten bewirken, dass die 19 Kantone je eine moderne politische Ordnung mit einer eigenen Verfassung hatten. Im Jahr darauf konnte auf dieser Basis die erste Bundesverfassung geschrieben werden. So wurde 1848 die Schweiz gegründet, wie wir sie heute kennen.

4 Lest alle Texte der Aufgaben 1 und 3 nochmals und gestaltet einen Zeitstrahl. Notiert die Jahreszahlen und die Ereignisse.

6 Was tut dir gut?

Das kann ich.

Ich kann einen mündlichen Erfahrungsbericht über Fitness verstehen. ☺ ☺ ☹

Ich kann ein Interview über Beratungsstellen lesen und verstehen. ☺ ☺ ☹

Ich kann einen Dialog variieren und vorspielen. ☺ ☺ ☹

Ich kann einen Vortrag zum Thema Gesundheitsberatung vorbereiten und halten. ☺ ☺ ☹

Ich kann einen Text zum Thema «Den eigenen Körper gestalten» schreiben. ☺ ☺ ☹

Spass an Fitness

1 Lies das Programm für den Gesundheitstag der Schule Bachtobel. Notier zu den Programmteilen in je einem Satz, worüber wahrscheinlich gesprochen oder was gemacht wird.

Schule Bachtobel   Freitag, 18. November

Gesundheitstag

Programm

Zeit	Thema	Ort
8.20 Uhr	Einführung: Von der Ernährung bis zur Fitness	Aula
8.40 Uhr	Erfahrungsbericht: Ich war fast süchtig nach Fitness	Aula
9.10 Uhr	Workshops:	
	1. Fitnesstraining zu Hause und im Wald	Turnhalle A
	2. Yoga für Anfängerinnen und Anfänger	Schulzimmer 102
	3. Sing dich gesund (Popsongs zum Mitsingen)	Singsaal
	4. Iss dich glücklich (gesunde Ernährung)	Schulküche
	5. Mach mal Pause (einfache Meditation)	Schulzimmer 104

2   Lies die Definition und klär die Wörter.

> **Fitnesstraining**
>
> Dieses englische Wort bezeichnet sämtliche sportlichen Aktivitäten, mit denen man die körperliche Leistungsfähigkeit und die Gesundheit erhalten oder verbessern kann.

3   Schau das Bild an. Der Mann erzählt von seinen Erfahrungen mit Fitness. Er hat sich für seinen Vortrag folgende Notizen gemacht. Lies und klär die Wörter.

bester Freund
Probleme
Internetrecherche

Kollege
Fitnessstudio
Ziele

Vorschläge
seither

Ich war fast süchtig nach Fitness
Name, Alter
Beruf
Hobby

Geschenk
erstes Ziel
neues Ziel
Pläne

Probleme in der Sek
Sportunterricht
Sportclub

4   Hör den Vortrag und nummerier die Reihenfolge der Notizzettel in Aufgabe 3.

T 25

5   Hör den Vortrag nochmals und notier weitere Informationen auf die Notizzettel in Aufgabe 3.

6   Vergleicht eure Notizen und sprecht Sätze wie im Beispiel.

> Zu seiner Person sagt Leon, dass er mit seinem Leben ganz zufrieden sei.

> Stimmt. Er sagt aber auch, dass das nicht immer so war.

7   Bearbeite im Arbeitsheft auf Seite 67 das Kapitel «Positives Körperbild» und auf Seite 70 das Kapitel «Nebensätze mit *seit/seitdem*».

A

Gesundheitsberatung

1 Lies den Titel des Interviews auf Seite 69 und schau das Bild an. Was kommt dir dazu in den Sinn? Notier Stichworte.

Medikamente kaufen

2 Lies den Lead, das heisst den Abschnitt unter dem Titel des Interviews auf Seite 69. Notier weitere Stichworte in Aufgabe 1.

3 Lies die folgenden Zwischentitel. Zu welchen Abschnitten gehören sie? Lies das ganze Interview auf Seite 69 und notier die Zeilennummern.

Zwischentitel	Zeilennummern
Aufgaben der Beratung	Zeilen _____ bis _____
Beratung für Jugendliche	Zeilen _____ bis _____
Die Apotheke als Beratungsstelle	Zeilen _____ bis _____
Kosten der Beratung	Zeilen _____ bis _____

4 Lies die Antwort zur ersten Frage. Markier die erwähnten Beratungsthemen.

5 Lies die Antwort zur zweiten Frage. Markier die drei Beratungssituationen mit verschiedenen Farben.

6 Lies die Antwort zur dritten Frage. Markier die Themen, die bei Jugendlichen in den Beratungsgesprächen vorkommen können.

7 Lies die Antwort zur vierten Frage. Markier, wie viel eine Beratung kostet und was bei einer Beratung vorkommen kann.

8 Lies nochmals den ganzen Text und fass jeden Abschnitt in einem Satz zusammen.

9 Bearbeite im Arbeitsheft auf Seite 72 das Kapitel «Die Packungsbeilage».

Beratung in der Apotheke

Gabriela Geiger ist Pharma-Assistentin in einer grossen Apotheke. Zu ihren Aufgaben gehört nicht nur der Verkauf von Medikamenten, sondern auch die Beratung von Kundinnen und Kunden. Im folgenden Interview gibt sie Einblick in ihre Arbeit.

1 Bei welchen Fragen wird in der Apotheke Beratung angeboten?

Wir bieten Beratungen zu allen Gesundheitsfragen. Es gibt Fragen, die je nach Jahreszeit häufiger ge-
5 stellt werden. Im Frühling sind Pollenallergien, die Heuschnupfen verursachen, vermehrt ein Thema. Im Sommer sind es eher Sonnenbrand und Gesundheitsprobleme wegen der Hitze. Im Herbst und Winter kommen Fragen zu Husten und Schnupfen häufiger
10 vor. Viele Gesundheitsfragen sind aber nicht von der Jahreszeit abhängig. Eine Rolle spielt unter anderem das Alter der Kundinnen und Kunden. Bei älteren Personen ist zum Beispiel der Blutdruck ein häufiges Thema.

15 Beratung ist also eine wichtige Aufgabe.

Ja. Zum einen gibt es Kundinnen und Kunden, die vom Arzt oder von der Ärztin ein Rezept bekommen haben. Auf dem Rezept steht, welche Medikamente sie brauchen. Wir erklären dann genau, wie
20 die Medikamente verwendet werden sollen. Zum anderen kommen auch viele Leute ohne vorherigen Arztbesuch zu uns. Im Beratungsgespräch fragen wir zum Beispiel, wie die Beschwerden sind und seit wann sie auftreten. Wir müssen auch wissen, ob die
25 Person noch andere Medikamente einnimmt. Wir fragen ausserdem, ob die Person Allergien hat.

Wichtig ist auch, dass wir über die richtige Anwendung von Medikamenten informieren. Die Packungsbeilage enthält zwar ausführliche Informationen zur
30 richtigen Anwendung, zu den Nebenwirkungen und

zu den Inhaltsstoffen. Diese Informationen sind aber nicht ganz einfach zu verstehen. In der Apotheke bekommen Kundinnen und Kunden deshalb zusätzlich eine mündliche Erklärung zur Anwendung und zu
35 Nebenwirkungen eines Medikaments.

Welches sind häufige Themen in Beratungsgesprächen mit Jugendlichen?

Erkältungserkrankungen – also Husten, Schnupfen und Halsschmerzen – sind ein häufiges Thema.
40 Sie betreffen Jugendliche ebenso wie Kinder und Erwachsene. Bei Jugendlichen sind Fragen zu Hautproblemen oder zur Verhütung häufiger als bei Erwachsenen. Bei Hautproblemen muss ich einschätzen, ob ein Kosmetikprodukt nützlich sein
40 könnte oder ob ein Medikament nötig ist.

Ein anderes Thema, mit dem vor allem junge Frauen zu uns kommen, ist die Angst vor einer unerwünschten Schwangerschaft. Wenn eine Jugendliche oder eine junge Erwachsene die «Pille danach»
50 wünscht, ist ein sorgfältiges Beratungsgespräch nötig. Wir haben dafür separate Beratungsräume. Ein vertrauliches Gespräch kann nicht einfach im Verkaufsraum geführt werden, wo andere Kundinnen und Kunden mithören. Es braucht einen geschützten
55 Rahmen, das heisst einen separaten Raum und Diskretion, denn das, was besprochen wird, darf niemand hören und auch nicht anderen Personen mitgeteilt werden.

Wie viel kostet eine Beratung?

60 Wenn jemand mit einem Rezept ein Medikament bezieht, verrechnen wir für die Beratung den sogenannten Medikamenten-Check, der von der Krankenkasse bezahlt wird. Alle anderen Beratungen sind kostenlos, auch wenn jemand nichts kauft. Es kommt
65 beispielsweise vor, dass wir bei einer Beratung feststellen, dass gar kein Medikament notwendig ist. Oder wir empfehlen einen Arztbesuch, weil genauere Abklärungen nötig sind.

Meine Eltern sind dagegen

1 Hör den Dialog und lies mit. Klär die Wörter.

💬 Im nächsten Sommer lasse ich mir mein erstes Tattoo stechen: hier am Oberarm.

💬 Wirklich? Weisst du schon, was für ein Motiv?

💬 Ich habe schon einiges im Internet angeschaut. Ein Muster oder vielleicht ein Adler – das gefällt mir am besten.

💬 Sind denn deine Eltern einverstanden? Die Tattoostudios verlangen doch, dass die Eltern unterschreiben. Sie müssen bestätigen, dass sie einverstanden sind.

💬 Ja, aber ich werde im nächsten Juli achtzehn. Dann kann ich selber bestimmen. Meine Eltern würden nämlich nicht unterschreiben.

💬 Warum? Weil ein Tattoo zu viel kostet?

💬 Nein! Das Geld spielt keine Rolle. Ich muss das ja sowieso selber bezahlen. Sie sagen, dass man seinen Körper nicht verändern soll.

💬 Ja, da ist schon was dran.

💬 Meine Mutter färbt sich ja auch die Haare.

💬 Stimmt, das habe ich mir gar nicht so überlegt. Es gibt ja ziemlich viel, was man ständig am eigenen Körper verändert: Nägel anmalen, Haare färben, Haare abrasieren. Der Unterschied ist halt, dass man das wieder rückgängig machen kann. Den Nagellack kann man entfernen, die Haare wachsen nach, aber ein Tattoo …

💬 Ja, schon. Aber ich bin mir ganz sicher, dass mein Tattoo zu mir passen wird. Ich werde es sicher nie rückgängig machen wollen.

💬 Vielleicht doch einmal, wenn du zum Beispiel einen Job suchst und seriös aussehen musst.

💬 Heute haben so viele Leute ein Tattoo. Das ist ganz normal. Und am Oberarm ist es sowieso kein Problem, denn man kann einfach ein langärmliges T-Shirt oder ein Hemd tragen.

💬 Da hast du Recht. Aber wenn du mal eine Freundin hast, kannst du nicht immer mit einem langärmligen T-Shirt oder einem Hemd rumlaufen. Und wenn ihr dein Tattoo nicht gefällt, hast du ein Problem.

💬 Du siehst mal wieder Probleme, wo es keine gibt. Ich werde mich doch nicht in eine Frau verlieben, der mein Tattoo nicht gefällt!

2 Lest die folgenden Situationen und die Formulierungen für Gespräche. Klärt die Wörter. Wählt eine Situation und informiert euch im Internet über die Vor- und Nachteile der Behandlung. Schreibt einen Dialog wie in Aufgabe 1. Benützt dazu auch die Formulierungen für Gespräche.

Situation 1

Person A ist 16 Jahre alt und hat eine sehr grosse Nase. Schon lange möchte sie eine Schönheitsoperation durchführen lassen, aber die Eltern sind dagegen. Erstens ist die Operation sehr teuer. Zweitens wirkt eine operierte Nase sehr künstlich. Person A argumentiert, dass auch viele Schauspielerinnen die Nase operieren lassen. Die befreundete Person B meint, dass die Eltern Recht haben.

Situation 2

Person A ist 16 Jahre alt und möchte unbedingt gedehnte Ohrlöcher haben. Sie findet die grossen Ringe in den Ohrlöchern toll und es ist auch ein traditioneller Ohrschmuck von Naturvölkern. Die Eltern sind dagegen und meinen, dass man mit solchen Ohrlöchern dann Mühe hat, eine Lehrstelle zu finden. Die befreundete Person B meint, dass die Eltern gar nicht so Unrecht haben.

Situation 3

Person A ist 14 Jahre alt und möchte unbedingt ein Piercing in der Zunge. Die Mutter ist dagegen und meint, dass es ihr schlecht wird, wenn sie ein Piercing in der Zunge sieht. Deshalb schlägt sie ein Piercing am Nasenflügel vor. Die befreundete Person B meint, dass die Mutter auch ein Recht habe, ihr Empfinden zu äussern, und dass A schliesslich immer noch zu Hause wohnt.

Situation 4

Person A ist 17 Jahre alt und hat einen starken Haarwuchs an den Augenbrauen. Sie möchte sich die Augenbrauen lasern lassen. Das ist schmerzhaft und braucht Zeit. Die Eltern sind dagegen und sagen, dass alle in der Familie dicke Augenbrauen haben und dass niemand damit Probleme hat. Die befreundete Person meint, dass die Augenbrauen Teil der Persönlichkeit sind und dass gelaserte Augenbrauen künstlich wirken.

Formulierungen für Gespräche	
ankündigen	– Nach den Sommerferien mache/will ich ... – Ich habe entschieden, dass ich ... – Jetzt habe ich genug gespart. Ich will endlich ...
nachfragen	– Hast du dir das gut überlegt? – Weisst du schon, wie viel das kostet / wie lange das dauert? – Kann man das dann wieder rückgängig machen?
einwenden	– Es könnte aber auch sein, dass ... – Was ist, wenn ...? – Und was machst du, wenn ...?
zugeben	– Zugegeben. Das stimmt. – Da muss ich dir Recht geben. – Das stimmt eigentlich schon.
widersprechen	– Das stimmt doch gar nicht. – Ich sehe das ganz anders. – Mir ist das egal, ich ...

3 Lernt euren Dialog nach der Korrektur auswendig und spielt ihn der Klasse theatralisch vor.

Vortrag: Beratung in der Apotheke

1 Das Interview auf Seite 69 ist die Grundlage für den Vortrag. Falls du die Aufgaben dazu auf Seite 68 noch nicht bearbeitet hast, dann lös sie zuerst.

2 Lies das ganze Interview auf Seite 69 nochmals und schreib die Zwischentitel auf vier Folien am Computer.

3 Lies die Angaben im Schüttelkasten und ordne sie den vier Folien zu. Falls du nicht sicher bist, kannst du im Interview auf Seite 69 nachsehen.

[ ] Auch Jugendliche werden beraten.

[ ] Empfehlung für einen Arztbesuch

[ ] bei Hauptproblemen: Kosmetikprodukt oder Medikament?

[ ] Leute ohne vorherigen Arztbesuch

[ ] Thema bei älteren Personen: Blutdruck

[ ] die richtige Anwendung von Medikamenten

[ ] Beratungen für Rezeptmedikamente kosten etwas.

[ ] bei Jugendlichen: Hautprobleme und Verhütung häufiger

[1] je nach Jahreszeit unterschiedliche Beratungsthemen

[ ] Fragen zu den Beschwerden, anderen Medikamenten und zu Allergien

[ ] häufiges Thema: Erkältungserkrankungen

[ ] separate Beratungsräume

[ ] Packungsbeilage oft nicht ganz einfach zu verstehen

[ ] Beratung kostenlos

[ ] Kundinnen und Kunden mit einem Arztrezept

4 Gestalte am Computer die vier Folien mit den Informationen aus Aufgabe 3 und mit passenden Bildern aus dem Internet. Gestalte auch eine Titel- und eine Schlussfolie.

5 Recherchier im Internet weitere Informationen zum Thema. Schreib dazu eine bis zwei weitere Folien.

> **Internetrecherche**
>
> 1. Gib im Suchfeld folgende Begriffe ein: *Beratung Apotheke.*
> 2. Such Antworten auf folgende Fragen:
>   – Bei welchen Problemen bieten Apotheken eine Beratung?
>   – Für welche Gesundheitsprobleme findet man konkrete Tipps?
>   – Welche zusätzlichen Tipps findet man?
> 3. Schreib Stichworte auf die weiteren Folien.
> 4. Such Bilder, die zum Thema passen, und ergänz damit deine Folien.

6 Lies das Interview auf Seite 69 noch zwei bis drei Mal laut.

7 Schreib deinen Vortrag mithilfe der folgenden Formulierungen und lass ihn korrigieren.

Titelfolie	In meinem Vortrag möchte ich euch ...
	Ich stütze mich dabei auf ein Interview mit ...
	Zudem habe ich im Internet ...
Folie 1	In einer Apotheke kann man ...
	Je nach Jahreszeit können die Themen ...
	Im Frühling zum Beispiel ...
	Fragen zu Erkältungen ...
	Bei älteren Personen sind ...
Folie 2	Beratung ist immer wichtig, wenn ...
	Bei Kundinnen und Kunden mit Rezept muss erklärt werden, wie ...
	Andere kommen in die Apotheke ohne Arztbesuch. Dann ...
	Natürlich muss die Apothekerin oder der Apotheker auch wissen, ob ...
	Man kann das natürlich auch ...
	Aber die Informationen in der Packungsbeilage sind ...
Folie 3	Ein häufiges Thema ist ...
	Dieses Thema betrifft ...
	Bei Hautproblemen muss man abschätzen, ob ...
	Junge Frauen haben oft Angst vor ...
	Dafür gibt es in der Apotheke ..., damit man ein vertrauliches ...
Folie 4	In einer Apotheke können sich auch Jugendliche ...
	Eine Beratung ist nicht immer ...
	Manchmal stellt die Apothekerin oder der Apotheker fest, dass ...
	Oder es wird auch empfohlen, ...
eigene Folie 5	Im Internet habe ich zudem folgende Tipps gefunden: ...
Schlussfolie	Vielen Dank für eure Aufmerksamkeit.

8 Lern deinen Vortrag nach der Korrektur mit den Folien frei sprechen.

9 Halte deinen Vortrag. Das Publikum gibt Rückmeldungen dazu.

10 Notier, worauf du beim nächsten Vortrag achten willst.

Den eigenen Körper gestalten

1 Bearbeite im Arbeitsheft auf Seite 74 das Kapitel «Würdest du das tun?».

2 Lies den Text von Tarik und konzentrier dich auf das, was du verstehst. Klär fünf Wörter und lies den Text nochmals.

Den eigenen Körper gestalten
von Tarik

Alle Menschen gestalten ihren Körper auf irgendeine Weise. Schon die Entscheidung für eine bestimmte Frisur ist ein Beispiel dafür. Wie gestalte ich selber meinen Körper? Was würde ich eventuell ausprobieren? Was auf keinen Fall? Diesen Fragen gehe ich im Folgenden nach.

Zu mir gehört ein spezieller Haarschnitt. Ich gehe ein Mal pro Monat zum Coiffeur und zwar immer zum selben. Er weiss genau, wie meine Frisur sein soll. Im Moment liebe ich ganz kurze Haare mit einem rasierten Muster darin. Sonst mache ich zurzeit nichts Besonderes, um meinen Körper zu gestalten. Allerdings gestaltet man sein Äusseres ja auch mit Kleidern. Typisch für mich sind zum Beispiel meine Schirmmütze und meine bunten T-Shirts.

Ich habe auch schon mal überlegt, ob ich mir später ein Piercing machen lassen soll. Ein älterer Kollege von mir hat ein Augenbrauenpiercing. Das finde ich cool. Ich weiss auch noch nicht, ob ich einen Bart möchte. Einige ältere Jungs in unserer Schule lassen sich einen Dreitagebart wachsen. Das sieht bei einigen gut aus, bei anderen aber überhaupt nicht.

Auf keinen Fall würde ich gedehnte Ohrlöcher wollen. Wenn ich bei jemandem gedehnte Ohrlöcher sehe, schaue ich zwar fasziniert hin. Trotzdem würde ich das an meinem Körper nicht wollen. Ich denke, dass es mich stören würde. Und rückgängig machen könnte ich das auch nicht.

Wie auch immer man seinen Körper gestaltet, wichtig ist, dass man sich wohlfühlt. Durch die Gestaltung des eigenen Körpers sagt man viel über sich aus. Deshalb sollte man sich gut überlegen, was zu einem passt.

3 Lies den Text von Tarik nochmals und markier im Balken links die Abschnitte mit den folgenden Farben.

Das kommt für mich auf keinen Fall infrage.   So gestalte ich meinen Körper.

abschliessende Gedanken   Das würde ich eventuell ausprobieren.   Einleitung

4 Schreib einen Text zum Thema «Den eigenen Körper gestalten» wie in Aufgabe 2 und folg den Aufgaben in der Anleitung zum Schreiben.

Anleitung zum Schreiben

1. Schreib die Einleitung ab oder formulier eine eigene Einleitung.
2. Benütz Formulierungen aus dem Arbeitsheft auf Seite 74.
3. Benütz die Textstruktur und die Formulierungen von folgender Tabelle.
4. Für den Abschnitt «abschliessende Gedanken» kannst du Formulierungen aus der Tabelle übernehmen oder einen eigenen Schluss schreiben.

Einleitung	Alle Menschen gestalten ihren Körper irgendwie. Schon die Entscheidung für eine bestimmte Frisur ist ein Beispiel dafür. Wie gestalte ich selber meinen Körper? Was würde ich eventuell ausprobieren? Was auf keinen Fall? Diesen Fragen gehe ich im Folgenden nach.
So gestalte ich meinen Körper.	Es ist für mich selbstverständlich, dass ich … habe. Es ist für mich wichtig, dass ich … Zu mir gehört … / Zu mir gehören … Ich mache nichts Besonderes, um … Kleider sind auch ein Mittel, um …
Das würde ich eventuell ausprobieren.	Ich kann mir vorstellen, dass ich einmal … Ich denke darüber nach, ob ich … Gerne würde ich … Wenn ich Geld hätte, würde ich … Wenn meine Eltern einverstanden wären, würde ich …
Das kommt für mich auf keinen Fall infrage.	Auf keinen Fall würde ich … Was für mich überhaupt nicht in Frage kommt, ist/sind … Zu mir passt … nicht. Deshalb würde ich …
abschliessende Gedanken	Wie auch immer man seinen Körper gestaltet, wichtig ist, dass man … Ich bin dagegen, dass … Ab und zu braucht es einen/eine/ein …, aber sonst braucht es … Wenn man seinen Körper gestalten will, sollte man sich gut überlegen, … Ich bin der Meinung, dass jeder Mensch selber … Wer sich zu viele Meinungen anhört, … Es ist wichtig, dass man das tut, was …

Einige Fakten zur Schweizer Politik

1 Lies den Text und klär die Wörter. Notier in Stichworten, was der Staat macht, damit es allen gut geht, und ergänz eigene Beispiele.

Politik wozu?

So wie ein Mensch viel tut, damit es ihm gut geht, so muss auch ein Staat viel tun, damit es allen gut geht. Der Staat kümmert sich um Projekte, zum Beispiel, dass Strassen gebaut werden. Er kümmert sich auch um die Gesetze: Von Zeit zu Zeit muss er alte Gesetze ändern oder neue Gesetze beschliessen, weil zum Beispiel eine neue Technologie entwickelt wurde. Das ist die Aufgabe von Politikerinnen und Politikern.

Schulen bauen,

_____

_____

2 Lies den Text und schreib unter die drei Umrisse der Schweiz, was sie darstellen.

_____

Die drei politischen Ebenen

Der Schweizer Staat besteht aus drei Ebenen: dem Bund, den Kantonen und den Gemeinden. Es gibt den Bund, die Confoederatio Helvetica (CH), es gibt 26 Kantone und es gibt 2212 Gemeinden (Stand 2019). Jede Ebene hat eigene Gesetze. Die Gesetze des Bundes gelten für alle Kantone und Gemeinden. Die einzelnen Kantone können aber mit eigenen Gesetzen viele Dinge auch selber bestimmen. Der Bund hält zum Beispiel fest, dass der 1. August in allen Kantonen und Gemeinden ein Feiertag ist. Die einzelnen Kantone entscheiden aber selber, welche anderen Feiertage es gibt. Zum Beispiel ist der 1. Mai nur in acht Kantonen ein Feiertag, in anderen Kantonen hingegen ist es ein voller oder halber Arbeitstag. Für jede Ebene müssen die Stimmberechtigten die Politikerinnen und Politiker wählen und sie müssen über Gesetzesänderungen, neue Gesetze und Projekte abstimmen.

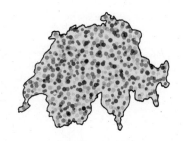

_____

3 Lies die Geschichte des Stimm- und Wahlrechts und klär die Wörter. Erstell eine Liste mit den Jahreszahlen und den Informationen.

Das Stimm- und Wahlrecht in der Schweiz

Das politische System in der Schweiz nennt man «direkte Demokratie». Das bedeutet, dass die Stimmberechtigten alle vier Jahre die Politikerinnen und Politiker wählen. Die Stimmberechtigten entscheiden aber auch über neue Gesetze, über Gesetzesänderungen oder über Projekte, zum Beispiel darüber, ob Werbung für Zigaretten verboten werden soll oder ob neue Kampfflugzeuge angeschafft werden sollen. Das Stimm- und Wahlrecht gilt für alle drei Ebenen: Bund, Kanton und Gemeinde. Aber wer genau darf überhaupt abstimmen und wählen? Das hat sich in der Geschichte der Schweiz mehrmals geändert.

Mit der Gründung des Bundesstaates 1848 erhielt jeder christliche männliche Schweizer ab 20 Jahren das Stimm- und Wahlrecht. Es durften also nur christliche Männer über 20 Jahren an Abstimmungen und an Wahlen teilnehmen und auch selbst als Politiker gewählt werden. Schweizer Männer über 20 Jahren, die keiner christlichen Konfession angehörten, waren ausgeschlossen sowie auch Männer, die Schulden hatten, vorbestraft oder ganz einfach arm waren. 1866 erhielten auch Männer anderer Religionen das Stimm- und Wahlrecht, vorausgesetzt sie waren nicht vorbestraft, arm oder verschuldet.

Abstimmen und wählen war lange Zeit Männersache. Erst 1959 erhielten Frauen in den Kantonen Waadt und Neuenburg das Stimm- und Wahlrecht auf kommunaler (Gemeinde-) und auf kantonaler Ebene. Der Kanton Genf folgte 1960, die Kantone Basel-Stadt und Basel-Landschaft folgten 1966 und zwei Jahre später auch das Tessin. Auf nationaler Ebene dürfen Frauen erst seit 1971 abstimmen. In einzelnen Kantonen blieb das Frauenstimmrecht aber weiterhin eingeschränkt. Im Kanton Appenzell Innerrhoden hatten die Frauen beispielsweise bis 1991 auf kommunaler und kantonaler Ebene kein Stimm- und Wahlrecht. Sie konnten nur an nationalen Abstimmungen und Wahlen teilnehmen.

1971 wurden auch Männer mit Schulden oder mit Vorstrafen stimm- und wahlberechtigt. 1991 wurde das Wahlrechtsalter von 20 Jahren auf 18 Jahre herabgesetzt. Seither gilt: Wenn Jugendliche 18 Jahre alt werden, dürfen sie zum ersten Mal abstimmen und wählen. Seit 1992 können auch Schweizerinnen und Schweizer, die im Ausland leben, an den Abstimmungen und Wahlen auf nationaler Ebene teilnehmen. Man muss also nicht zwingend in der Schweiz leben, um mitbestimmen zu können.

Direkte Demokratie

Jahreszahl	Stimm- und Wahlrecht
1848	christliche Männer über 20, ohne Schulden, nicht vorbestraft, nicht arm
1866	

4 Bearbeite im Arbeitsheft auf Seite 76 das Kapitel «Politische Rechte in der Schweiz».

7 Vom Feld auf den Teller

Inhalt

Das kann ich.

Ich kann Erklärungen zum Produktsortiment eines Supermarktes verstehen.	☺	☹	☹
Ich kann einen Text über den Lebensmitteltransport und dessen Folgen verstehen.	☺	☹	☹
Ich kann einen Dialog über Ernährung schreiben und vortragen.	☺	☹	☹
Ich kann einen Vortrag über den Lebensmitteltransport vorbereiten und halten.	☺	☹	☹
Ich kann einen Pro-contra-Text über Fertiggerichte schreiben.	☺	☹	☹

Wie kommen die Lebensmittel in den Supermarkt?

1 Lies den Titel und schau die Bilder an. Notier, was du zur Titelfrage weisst und was du wissen möchtest.

Filialleiter
Giuseppe Imbimbo

Gemüse- und Obstregal
im Supermarkt

Wie kommen die Lebensmittel in den Supermarkt?	
Das weiss ich.	Das möchte ich wissen.
Im Winter kommt viel Gemüse aus …	Wer bestellt die Ware?

2 Ordne die Begriffe den Definitionen zu.

1. Ein Billiganbieter ⬜
2. Eine Tiefpreislinie ⬜
3. Ein Markenartikel ⬜
4. Ein Grosshändler ⬜
5. Ein Detailhändler ⬜
6. Das Sortiment ⬜
7. Importieren ⬜

⬜ ist eine Gruppe von günstigen Produkten eines Supermarkts. **a.**

⬜ bedeutet, Waren aus dem Ausland ins Inland zu bringen. **b.**

⬜ ist ein Produkt einer bekannten Herstellerfirma. **c.**

⬜ ist ein Geschäft, das günstige Produkte verkauft. **d.**

⬜ verkauft seine Produkte an Privatpersonen. **e.**

⬜ bezeichnet alle Produkte, die in einem Geschäft angeboten werden. **f.**

⬜ verkauft seine Produkte an Geschäfte. **g.**

3 Lies die Interviewfragen und klär die Wörter. Hör das Interview und nummerier die Fragen in der richtigen Reihenfolge.

🔊 T 27

⬜ Bei der Wahl der Produkte sind die Wünsche Ihrer Kundinnen und Kunden wichtig. Wie berücksichtigen Sie diese Wünsche? ⬜

⬜ Wer ist für die Bestellungen zuständig? ⬜

⬜ Ihre Kundinnen und Kunden achten also nicht nur auf die Preise, sondern auch auf die Qualität. Was ist bei Ihrer Kundschaft sonst noch wichtig? ⬜

⬜ Wie oft werden die Bestellungen gemacht? ⬜

⬜ Wie sieht es mit Aktionen und grossen Familienpackungen aus? ⬜

⬜ Wie wird entschieden, wie viel man von welchem Produkt bestellen muss? Werden die Bestellmengen automatisch von einem Computer berechnet? ⬜

⬜ Können Sie neue Trends in der Ernährung beobachten? ⬜

⬜ Muss man denn das ganze Jahr alles kaufen können? Warum braucht es im Winter Erdbeeren? ⬜

⬜ Jetzt haben wir viel über Kundenwünsche gesprochen. Was ist Ihnen persönlich wichtig bei der Wahl der Produkte? ⬜

⬜ Aus welchen anderen Ländern importieren Sie Produkte? ⬜

⬜ je eine Person pro Abteilung **a.**

⬜ Frischwaren jeden Tag **b.**

⬜ Haltbares drei Mal pro Woche **c.**

⬜ Entscheid nach Gefühl **d.**

⬜ Berücksichtigung des Wetters **e.**

⬜ drei verschiedene Preisklassen **f.**

⬜ weniger als andere Supermärkte **g.**

⬜ kurze Transportwege **h.**

⬜ Bioprodukte **i.**

⬜ vegane Ernährung **j.**

⬜ hausgemachte Produkte **k.**

⬜ italienische Spezialitäten **l.**

⬜ importierte Produkte vom Grosshändler **m.**

⬜ Spanien, China, Frankreich ... **n.**

⬜ Ansprüche der Kundschaft wichtiger als Meinung des Filialleiters **o.**

4 Lies die Fragen in Aufgabe 3. Hör dann das Interview mehrmals und ordne die passenden Informationen zu. Zu jeder Frage passen ein bis zwei Informationen.

5 Bearbeite im Arbeitsheft auf Seite 79 das Kapitel «Nebensätze mit *während, nachdem* und *bevor*» und auf Seite 82 das Kapitel «Satzanalyse: Satzglieder».

🅰

Lebensmittel und Umweltbelastung

1 Lies den Titel des Texts auf Seite 81 und schau das Bild an. Was kommt dir dazu in den Sinn? Notier Stichworte.

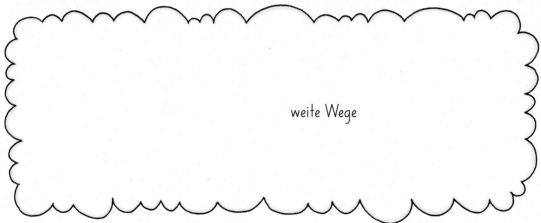

weite Wege

2 Lies den Lead, das heisst den Abschnitt unter dem Titel des Texts auf Seite 81. Ergänz weitere Stichworte in Aufgabe 1.

3 Lies die folgenden Zwischentitel. Zu welchen Abschnitten gehören sie? Lies den ganzen Text auf Seite 81 und notier die Zeilennummern in die Tabelle.

Zwischentitel	Zeilennummern
Gründe für den Lebensmitteltransport	Zeilen ____ bis ____
Folgen des Lebensmitteltransports	Zeilen ____ bis ____
Geschichte des Lebensmitteltransports	Zeilen ____ bis ____
Transportmittel	Zeilen ____ bis ____

4 Lies den ersten Abschnitt genau und markier die genannten Jahrhunderte und die Jahreszahlen.

5 Lies den zweiten Abschnitt genau. Markier die verschiedenen Transportmittel.

6 Lies den dritten Abschnitt genau. Markier die Gründe für die Zunahme des Lebensmittel-transports.

7 Lies den vierten Abschnitt genau. Die zunehmenden Lebensmitteltransporte bringen Vor- und Nachteile mit sich. Markier die positiven Folgen grün und die negativen Folgen rot.

8 Lies nochmals den ganzen Text. Fass jeden Abschnitt in einem bis zwei Sätzen zusammen.

9 Bearbeite im Arbeitsheft auf Seite 84 das Kapitel «Klimaerwärmung und CO_2» und auf Seite 86 das Kapitel «Die n-Deklination».

Lebensmittel aus aller Welt

Im Vergleich zu früher werden heute viel mehr Lebensmittel über weite Strecken transportiert. Sie stammen aus anderen Regionen der Schweiz, aus anderen Ländern oder anderen Kontinenten. Dies ist heute dank der besseren Transportwege möglich. Dadurch erhält man in der Schweiz das ganze Jahr ein grosses Angebot an Lebensmitteln.

1 Lange Zeit assen die Menschen hauptsächlich die Lebensmittel, die in ihrer Umgebung produziert werden konnten. Zwar gab es auch früher schon Handel mit Lebensmitteln zwischen den Kantonen und
5 mit anderen Ländern. Aber die Lebensmittel von weit her waren teuer und nur reiche Leute konnten sich diese leisten. Seit dem 13. Jahrhundert nahm der Handel innerhalb der Schweiz und über die Landesgrenzen hinaus zu. Immer mehr Bauern aus den
10 Alpen brachten ihr Vieh und ihre Produkte auf Märkte im Schweizer Mittelland und nach Norditalien, um sie dort zu verkaufen. Gleichzeitig kauften sie Lebensmittel ein, die sie selber in den Bergen nicht oder nur wenig hatten, wie etwa Salz und Getreide. Ab dem
15 16. Jahrhundert wurden auch Waren aus weiter entfernten Ländern importiert, zum Beispiel Gewürze aus Nordafrika oder Kaffee und Kakao aus Südamerika. Heute werden Lebensmittel aus der ganzen Welt importiert, während zum Beispiel Schweizer Käse in
20 die ganze Welt exportiert wird. Das Angebot der importierten Lebensmittel in der Schweiz wird immer vielfältiger und die importierte Menge pro Person immer grösser. 1990 wurden 344 kg Lebensmittel pro Person importiert, 2016 waren es bereits 490 kg.

25 Lebensmittel wurden schon früher mit verschiedenen Transportmitteln befördert. Das Schiff wurde schon sehr früh für Lebensmitteltransporte benützt. Bereits im Mittelalter gab es grosse Fortschritte in der Seefahrt, sodass verschiedene Produkte über weite
30 Strecken von der Nordsee über den Rhein in die Schweiz transportiert werden konnten. Für Waren, die über die Alpen gebracht werden mussten, nutzte man lange Zeit Pferde und Esel. Heute werden Lebensmittel noch immer mit dem Schiff, aber auch
35 mit dem Zug, dem Lastwagen oder dem Flugzeug befördert. Dabei hat jedes Transportmittel seine Vor- und Nachteile. Zum Beispiel kann ein Flugzeug einerseits Lebensmittel sehr schnell über weite Strecken transportieren. Andererseits braucht der Transport
40 mit dem Flugzeug sehr viel Energie und belastet die Umwelt deshalb am stärksten. Der Transport mit einem Schiff ist weniger umweltschädlich, dafür aber auch langsamer.

Für den zunehmenden Transport von Lebensmitteln
45 teln gibt es verschiedene Gründe. Dank der verbesserten Verkehrswege ist der Transport einfacher und günstiger geworden. Zudem erlaubt eine bessere Technik, die Waren während des Transports zu kühlen. Dadurch sind die Produkte länger haltbar und
50 bleiben frisch, selbst wenn der Transport eine längere Zeit benötigt. Ein weiterer Grund für den zunehmenden Transport sind die Wünsche der Konsumentinnen und Konsumenten. Einerseits wollen viele Leute exotische Produkte wie Mangos oder Avocados
55 kaufen. Andererseits erwarten die meisten, dass bestimmte Lebensmittel wie beispielsweise Tomaten während des ganzen Jahres angeboten werden.

Weil wir Lebensmittel aus nahen und fernen Ländern importieren, können wir das ganze Jahr über
60 frisches Gemüse und Früchte kaufen. Der zunehmende Transport hat aber auch viele negative Folgen. Zum Beispiel wird die Luft durch die Abgase der Transportmittel verschmutzt. Das ist schlecht für die Gesundheit der Menschen und der Tiere. Ausserdem
65 stossen die Verkehrsmittel viel CO_2 aus. Dies ist ein Gas, das in der Luft zur Klimaerwärmung beiträgt.

Das esse ich nicht

T 28

1 **Hör den Dialog und lies mit. Klär die Wörter.**

● Hey, Alexa. Ich habe für die ganze Klasse
Kuchen mitgebracht. Möchtest du probieren?

● Hat es im Kuchen Haselnüsse?

● Ja, das hat es. Es ist ein Tirolercake mit vielen
gemahlenen Haselnüssen und Schokoladenstücken.
Hast du denn Haselnüsse nicht gern?

● Doch, schon. Aber ich vertrage Haselnüsse nicht.

● Hast du eine Haselnussallergie?

● Ja, leider!

● Ach so! Was passiert denn, wenn du Haselnüsse isst?

● Bei kleinen Mengen beginnt es, im Mund zu jucken.
Das ist unangenehm, aber nicht so schlimm. Aber bei grösseren Mengen kann ich
Atembeschwerden bekommen, das ist dann gefährlich.

● Das klingt nicht gut. Und wenn du trotzdem mal aus Versehen Haselnüsse isst?

● Ich habe in meiner Tasche immer ein Antiallergikum. Das ist ein Medikament,
das ich im Notfall nehmen kann. Aber wichtig ist, dass ich dann ganz schnell in
eine Arztpraxis gehe.

● Wie weisst du denn überhaupt, ob in einem Produkt Haselnüsse drin sind?

● Ich muss die Zutaten auf der Packung ganz genau lesen, vor allem bei Kuchen
und Guetzli. Manchmal hat es auch nur Spuren von Haselnüssen, das kann
leider schon eine allergische Reaktion auslösen. Zum Glück steht es auch auf
den Packungen, wenn es in einem Produkt nur Spuren von Haselnüssen hat.

● Krass. Dann musst du aber ganz schön aufpassen, besonders bei leckeren
Süssigkeiten. Das stelle ich mir kompliziert vor. Also, das nächste Mal backe ich
einen Zitronenkuchen. Der hat bestimmt keine Haselnüsse.

● Das wäre toll, danke. Ich freue mich schon darauf.

2 **Lies die vier Texte und klär die Wörter.**

Nahrungsmittelallergie

Bei einer Nahrungsmittelallergie reagiert das Immunsystem auf eine Substanz in einem
Lebensmittel und beginnt, dagegen zu kämpfen wie gegen eine Krankheit. Dies löst eine
allergische Reaktion aus wie zum Beispiel Juckreiz, Übelkeit oder Atembeschwerden.
Nahrungsmittel wie Nüsse, Milchprodukte, Weizen, Eier, Äpfel oder Sellerie können
Allergien auslösen.

Nahrungsmittelintoleranz

Bei einer Nahrungsmittelintoleranz kann der Körper einen bestimmten Stoff nur teilweise
oder gar nicht verdauen. Meistens kann man trotzdem kleine Mengen davon essen.
Bei einer Intoleranz reagiert der Körper beispielsweise mit Bauchschmerzen, Unwohlsein,
Kopfschmerzen oder anderen Beschwerden. Man spricht dann auch von einer «Lebens-
mittelunverträglichkeit».

Vegetarische Ernährung

Viele Menschen verzichten auf Fleisch und Fisch und entscheiden sich aus verschiedenen Gründen für eine vegetarische Ernährung. Sie möchten zunächst einmal nicht, dass für die eigene Ernährung Tiere getötet werden. Ein anderer Grund liegt in der Belastung der Umwelt, die durch den Fleischkonsum entsteht. Denn die Fleischproduktion benötigt mehr Land, Wasser und Energie als die Produktion von Früchten, Gemüse, Getreide, Eiern oder Milchprodukten. Eine vegetarische Ernährung ist deshalb umweltfreundlicher.

Vegane Ernährung

Wer sich vegan ernährt, verzichtet auf alle tierischen Produkte. Man verzichtet also nicht nur auf Fleisch und Fisch, sondern auch auf alle Milchprodukte, Eier und Honig – also alle Nahrungsmittel, die von Tieren stammen. Der Verzicht auf diese Produkte wird damit begründet, dass auch für die Milch- und Eierproduktion Tiere getötet werden. Beispielsweise werden Hühner für die Massenproduktion von Eiern nach eineinhalb Jahren getötet, weil sie nicht mehr genug Eier legen, und die männlichen Küken werden am ersten Tag ihres Lebens getötet, da Hähne bekanntlich keine Eier legen.

3 Wählt einen Text aus Aufgabe 2. Stellt euch eine Situation vor, in der eine Person etwas zu essen anbietet, was die andere Person nicht isst. Notiert Stichworte zu folgenden Fragen.

1. Wo befinden sich die zwei Personen?
2. Welches Essen wird angeboten?
3. Warum will die andere Person das Essen nicht annehmen?
4. Wie erklärt diese Person, dass sie das Essen nicht essen kann oder will?

4 Schreibt einen Dialog zur skizzierten Situation in Aufgabe 3. Benützt dazu die folgenden Formulierungen.

etwas zu essen anbieten	Darf ich dir ein/eine … anbieten?
	Hättest du Lust auf …
	Ich habe einen/eine/ein … gekocht/zubereitet/gebacken.
	Möchtest du davon probieren?
freundlich ablehnen	Danke, das ist nett. Ich darf aber …
	Ja, das sieht lecker aus, aber ich bin allergisch auf …
	Das ist sehr lieb, aber ich esse keinen/kein/keine …
nachfragen	Oh, das ist schade. Was passiert, wenn …
	Ah, das wusste ich nicht. Seit wann …
	Ach so. Und warum …
begründen	Ich habe diese Reaktionen, seit ich …
	Das ist bei mir so, seit ich …
	Ich habe mich entschieden, dass ich …
Interesse signalisieren	Interessant. Was musst du dann machen?
	Das interessiert mich. Worauf achtest du, wenn …
eine Lösung finden	Na, dann musst du dich mit … begnügen.
	Zum Glück gibt es auch genug …
	Das nächste Mal könnten alle …

5 Lernt euren Dialog nach der Korrektur auswendig und spielt ihn der Klasse theatralisch vor.

Vortrag: Lebensmittel aus aller Welt

1 Der Text auf Seite 81 ist die Grundlage für den Vortrag. Falls du die Aufgaben dazu auf Seite 80 noch nicht bearbeitet hast, dann lös sie zuerst.

2 Lies den ganzen Text auf Seite 81 nochmals und schreib die Zwischentitel auf vier Folien am Computer.

3 Lies die Angaben im Schüttelkasten und ordne sie den vier Folien zu. Falls du nicht sicher bist, kannst du im Text auf Seite 81 nachsehen.

> [_] heute Lebensmittel aus der ganzen Welt
>
> [_] Transportmittel: Schiff, Zug, Lastwagen, Flugzeug
>
> [_] verbesserte Verkehrswege
>
> [_] das ganze Jahr ein grosses Angebot
>
> [_] Wünsche der Konsumentinnen und Konsumenten
>
> [1] früher hauptsächlich Lebensmittel aus der Umgebung
>
> [_] je nach Transportmittel unterschiedlich hohe Umweltbelastung
>
> [_] Die Abgase der Transportmittel verschmutzen die Umwelt.

4 Gestalte am Computer die vier Folien mit den Informationen aus Aufgabe 3 und mit passenden Bildern aus dem Internet. Gestalte auch eine Titel- und eine Schlussfolie.

5 Recherchier im Internet weitere Informationen zum Thema. Schreib dazu eine bis zwei weitere Folien.

> **Internetrecherche**
>
> 1. Gib im Suchfeld folgende Begriffe ein: *kurze Transportwege, Ökobilanz.*
> 2. Such Antworten auf folgende Fragen:
>   - Welche Lebensmittel belasten die Umwelt weniger? Warum?
>   - Wie kann man umweltbewusst Lebensmittel einkaufen?
>   - Worauf achtest du beim Einkauf von Lebensmitteln?
> 3. Erstell weitere Folien. Schreib je einen Folientitel und passende Stichworte.
> 4. Such Bilder, die zum Thema passen, und ergänz deine Folien damit.

6 Lies den Text auf Seite 81 noch zwei bis drei Mal laut.

7   **Schreib deinen Vortrag mithilfe der folgenden Formulierungen und lass ihn korrigieren.**

Titelfolie	Mein Vortrag handelt von Transportwegen für ...
	Im Gegensatz zu früher werden ...
	Deshalb kann man heute bei uns ...
Folie 1	Früher assen die Leute vor allem ...
	Aber es gab auch schon seit langer Zeit ...
	Da importierte Lebensmittel teuer waren, kauften sie nur ...
	Ab dem 13. Jahrhundert wurde immer mehr gehandelt, und zwar innerhalb ...
	Viele Bauern aus den Alpen verkauften ihr ...
	Dafür kauften sie ...
	Im 16. Jahrhundert nahm der Handel ... zu.
	Es wurden Produkte von immer ...
	Heute werden immer mehr verschiedene ... und auch immer grössere Mengen importiert.
Folie 2	Für den Transport von Lebensmitteln benutzt man ...
	Ein sehr altes Transportmittel ist ...
	Mit dem Schiff werden seit dem Mittelalter ...
	Über die Alpen wurden die Produkte damals ...
	Heute benutzt man für Lebensmitteltransporte das ..., den ...
	Alle Transportmittel haben ...
	Transporte mit ... sind schnell, aber sie belasten die Umwelt stark.
	Dagegen sind Schiffe ...
Folie 3	Es gibt verschiedene Gründe für den ...
	Erstens sind die Verkehrswege besser und der Transport ...
	Zweitens kann man heute die Waren ...
	So sind auch längere Transportzeiten möglich, weil ...
	Drittens spielen auch ... eine Rolle.
	Viele Menschen möchten ...
	Zudem ist es für die meisten normal, dass zum Beispiel ...
Folie 4	Der Vorteil von Lebensmittelimporten besteht darin, dass ...
	... hat aber auch Nachteile.
	Die Abgase der Verkehrsmittel verschmutzen ...
	Dies ist ungesund für ...
	Zudem ...
	Zu viel von diesem Gas in der Luft verstärkt ...
eigene Folie 5	Wenn man die Umwelt weniger belasten will, kann man beim Einkaufen auf Folgendes achten: ...
eigene Folie 6	Abschliessend spreche ich über meine eigene Meinung zum Thema.
	Meiner Ansicht nach ist es wichtig, dass ...
Schlussfolie	Vielen Dank für eure Aufmerksamkeit.

8   **Lern deinen Vortrag nach der Korrektur mit den Folien frei sprechen.**

9   **Halte deinen Vortrag. Das Publikum gibt Rückmeldungen dazu.**

10   **Notier, worauf du beim nächsten Vortrag achten willst.**

_____

_____

Pro und contra Fertiggerichte

1 Bearbeite im Arbeitsheft auf Seite 88 das Kapitel «Wörter und Bedeutungen».

2 Lies den Titel und schau die Bilder an. Was spricht für (= pro) Fertiggerichte? Was spricht dagegen (= contra)? Notier Argumente für beide Seiten in eine Liste.

3 Lies die zwei Texte und konzentrier dich auf das, was du verstehst. Klär die Wörter und lies die Texte nochmals.

Argumente pro Fertiggerichte

Fertiggerichte sind praktisch. Man kann die Speisen einfach in der Mikrowelle oder in der Pfanne aufwärmen und schon sind sie bereit. Beliebt sind sie bei Leuten, die wenig Freizeit haben oder ihre Freizeit lieber anders nutzen als fürs Kochen. Natürlich eignen sich Fertiggerichte auch für Personen, die nicht so gut kochen können.

Die Auswahl an Fertigmenüs in Supermärkten und Take-aways ist in den letzten Jahren vielfältiger geworden. Es gibt auch eine grosse Vielfalt an Gerichten für eine spezielle Ernährung, beispielsweise vegane Speisen oder laktose- und glutenfreie Menüs. Obschon Fertiggerichte nicht frisch gekocht sind, sind sie häufig von guter Qualität.

Mit Fertiggerichten spart man Küchenarbeit und bezahlt deshalb die Arbeit der Personen, die das Menü herstellen. Das bedeutet, dass Fertiggerichte auch Arbeitsplätze in der Lebensmittelindustrie schaffen. Wenn man warm essen, aber nicht selbst kochen will, ist ein Fertigmenü zudem deutlich günstiger als ein Menü im Restaurant.

Argumente contra Fertiggerichte

Ein Nachteil von Fertiggerichten besteht darin, dass man die Zutaten nicht selbst wählen und den Geschmack nicht selbst bestimmen kann. Häufig sind die Speisen sehr stark gesalzen. Dies schmeckt nicht allen und ist ausserdem schlecht für die Gesundheit. Als ungesunde Geschmacksverstärker werden abgesehen von Salz auch Fett, Säuren und Zucker verwendet. Für Personen mit Allergien sind Fertigprodukte auch ein Problem, weil sie immer genau prüfen müssen, welche Zutaten enthalten sind.

Fertiggerichte werden in der Fabrik gekocht und abgekühlt oder kalt zubereitet, verpackt, transportiert, aufbewahrt und erst später gegessen. Die Speisen sind also nicht mehr ganz frisch, wenn man sie isst. Ein weiterer Nachteil ist der Abfall, der durch die Verpackungen entsteht, zum Beispiel Plastikschalen, Aluminiumverpackungen oder Konservendosen.

Fertiggerichte sind teurer als selbst gekochtes Essen. Zum Beispiel kostet eine Portion Tomatenrisotto als Fertigmenü etwa fünf Franken. Wenn man hingegen selbst für vier Personen Tomatenrisotto kocht, reichen etwa fünf Franken für alle zusammen.

4 Lies die Texte in Aufgabe 3 nochmals. Markier mindestens drei Pro- und mindestens drei Contra-Argumente, mit denen du einverstanden bist. Schreib die markierten Argumente in deine Liste von Aufgabe 2.

5 Lies die Stellungnahme von Khaled und konzentrier dich auf das, was du verstehst.

> Im folgenden Text nehme ich Stellung zum Thema Fertiggerichte. Zuerst thematisiere ich die positiven Aspekte von Fertiggerichten, danach die negativen. Abschliessend beschreibe ich, was ich persönlich über Fertiggerichte denke.
>
> Der grösste Vorteil von Fertiggerichten besteht darin, dass ein warmes Essen ganz schnell zubereitet ist. Man muss das Menü nur aufwärmen. Für Fertiggerichte spricht auch, dass man heute eine grosse Auswahl an verschiedenen Speisen hat. Da ist für jeden Geschmack etwas dabei. Ebenfalls dafür spricht, dass es auch Menüs für eine spezielle Ernährung gibt, zum Beispiel vegane Gerichte. Nicht zuletzt ist ein Fertiggericht viel billiger als ein Menü in einem Restaurant.
>
> Gegen Fertiggerichte spricht, dass man die Zutaten nicht wählen kann. Zum Beispiel sind sie oft zu stark gesalzen. Ein besonders negativer Punkt ist, dass Fertigmenüs vielfach weniger gesund sind als frisch gekochte Speisen. Häufig enthalten sie nicht nur zu viel Salz, sondern auch Zucker, Säuren und Fett, was nicht unbedingt gesund ist. Schliesslich entsteht durch Fertiggerichte viel Abfall.
>
> Für mich haben Fertiggerichte etwa gleich viele Vorteile wie Nachteile. Ich finde es positiv, dass man ein Menü schnell in der Mikrowelle aufwärmen kann. Zwar schmecken die meisten Menüs sehr gut, aber sie sind nicht so gesund. Deshalb finde ich es problematisch, wenn man sich hauptsächlich von Fertiggerichten ernährt. Meiner Meinung nach kann man aber problemlos ab und zu ein Fertigmenü konsumieren.

6 Lies die Stellungnahme von Khaled nochmals und markier im Balken links die Abschnitte mit den folgenden Farben.

Contra-Argumente   Einleitung   mein Fazit   Pro-Argumente

7 Schreib eine Stellungnahme zum Thema Fertiggerichte wie in Aufgabe 5. Benütz Argumente aus deiner Liste von Aufgabe 2. Formulier im letzten Abschnitt deine eigene Meinung. Benütz auch die folgende Textstruktur und die Formulierungen.

Einleitung	Im folgenden Text nehme ich Stellung zum Thema ...
	Zuerst thematisiere ich ..., danach ...
	Abschliessend beschreibe ich ...
Pro-Argumente	Ein Argument für Fertiggerichte ist, dass ...
	Ein (weiterer) Vorteil besteht darin, dass ...
	Ebenfalls dafür spricht, dass ...
	Hinzu kommt, dass ...
	Nicht zuletzt ...
Contra-Argumente	Ein Nachteil von Fertiggerichten besteht darin, dass ...
	Gegen Fertiggerichte spricht, dass ...
	Dagegen spricht auch, dass ...
	Ein besonders negativer Punkt ist, dass ...
	Schliesslich ...
mein Fazit	Ich bin der Meinung, dass ...
	Zwar ..., aber ...
	Mir ist es wichtig, dass ...
	Deshalb finde ich ...

8 Bearbeite im Arbeitsheft Seite 89 das Kapitel «Pro und contra vegane Ernährung».

Direkt vom Feld auf den Teller

1   **Lies die Texte und schau die Bilder an. Schreib die Nummer zum entsprechenden Bild.**

1.

Ich wohne mit meinen Kindern in Basel mitten in der Stadt. Da ich gerne im Garten arbeite und frisches Gemüse liebe, habe ich einen **Schrebergarten** am Stadtrand gemietet. Die Arbeit im Garten macht der ganzen Familie Spass und uns gefällt auch der Kontakt mit den anderen Familien.

2.

Zusammen mit anderen Leuten habe ich eine **Kooperative** gegründet, damit wir unser Gemüse selbst produzieren können. Wir haben ein Feld gepachtet und eine Gärtnerin angestellt. Wir sind schon 62 Mitglieder, die jährlich einen Mitgliedsbeitrag von 1000 Franken zahlen und auch mitarbeiten. Einige helfen direkt auf dem Feld, eine kleine Gruppe kümmert sich um die Administration und andere bringen die Produkte jeden Freitag in unsere zwei Depots. Dort können die Mitglieder das frische Gemüse gratis abholen.

3.

Ich schätze den **Hofladen** der Bauernfamilie in unserem Dorf sehr. Dort gibt es Milch, Eier, saisonales Gemüse, Früchte und Apfelsaft. Auf einem Notizblock schreibt man auf, was man alles gekauft hat, und legt dann das Geld in eine Kasse. Das funktioniert natürlich nur, wenn alle Leute ehrlich sind.

4.

Jeden Mittwoch gehe ich auf den **Wochenmarkt**, wo es verschiedene Stände mit Frischprodukten gibt. Ich kaufe das Gemüse und die Früchte lieber dort ein, weil ich den persönlichen Kontakt zu den Leuten auf dem Markt sehr schätze. Auf dem Wochenmarkt herrscht eine ganz andere Atmosphäre als im Supermarkt.

2   Was trifft zu? Kreuz an. Ergänz zwei eigene Aussagen.

	Schrebergarten	Kooperative	Hofladen	Wochenmarkt
selber mitarbeiten	☐	☐	☐	☐
immer frische Produkte	☐	☐	☐	☐
mit anderen Leuten plaudern	☐	☐	☐	☐
kurzer Transportweg	☐	☐	☐	☐
_____	☐	☐	☐	☐
_____	☐	☐	☐	☐

3   Wähl ein Thema und recherchier im Internet weitere Informationen dazu. Präsentier dein Poster in der Klasse.

Schrebergarten

1. Gib im Suchfeld den Begriff *Schrebergarten* ein.
2. Wähl einen Garten an deinem Wohnort oder in der näheren Umgebung.
3. Lies die Texte zum Garten und wähl einige Bilder aus.
4. Erstell ein Präsentationsposter mit Namen, Adresse, verantwortlicher Stelle, Bildern usw.

Gemüsekooperative

1. Gib im Suchfeld den Begriff *Gemüsekooperative* ein.
2. Wähl eine Gemüsekooperative aus, die eine Website hat.
3. Lies die Texte auf der Website und wähl einige Bilder aus.
4. Erstell ein Präsentationsposter mit Namen, Adresse, Aktivitäten, Bildern usw.

Hofladen

1. Gib im Suchfeld den Begriff *Hofladen* ein.
2. Erstell ein Poster mit einer geografischen Karte, auf der die Hofläden in deiner Umgebung eingezeichnet sind.
3. Notier bei jedem Hofladen den Namen, die genaue Adresse und die angebotenen Produkte.

Wochenmarkt

1. Gib im Suchfeld den Begriff *Wochenmarkt* und deinen Wohnort ein.
2. Wähl einen Wochenmarkt in deiner näheren Umgebung.
3. Lies die Informationen zum Wochenmarkt und klick auch auf vorhandene Links, damit du zusätzliche Informationen sammeln kannst. Wähl einige Bilder aus.
4. Erstell ein Präsentationsposter mit dem Ort des Wochenmarkts und den Marktzeiten, mit Informationen zum öffentlichen Verkehr, den Marktfahrern und ihren Angeboten, Bildern usw.

8 Der Weg in die Berufswelt

Inhalt

Das kann ich.

Ich kann ein Interview über die Entscheidungen von Berufslernenden verstehen.	☺	😐	☹
Ich kann einen Text über Gründe für Lehrabbrüche verstehen.	☺	😐	☹
Ich kann ein Bewerbungsgespräch variieren und vorspielen.	☺	😐	☹
Ich kann einen Vortrag über Lehrabbrüche vorbereiten und halten.	☺	😐	☹
Ich kann einen Bewerbungsbrief schreiben.	☺	😐	☹

Auf dem Weg zur Lehrstelle

1 **Lies den Titel und die Begriffe im Schüttelkasten. Klär die Wörter und ordne die Begriffe in die Tabelle ein.**

natürliches Auftreten   Offenheit   ~~fehlerfrei~~   Zeugnisse

~~Pünktlichkeit~~   Vollständigkeit   passendes Porträtfoto   angemessene Kleidung

gute Vorbereitung   Schnupperlehrbeurteilungen

Pluspunkte beim Selektionsverfahren	
Bewerbungsdossier	**Bewerbungsgespräch**
fehlerfrei	Pünktlichkeit

2 **Hör den Einstieg in die Radiosendung *Fokus* und notier, zu welchen Berufen in den Betrieben von Herrn Ludwig und Frau Sousa Personen ausgebildet werden.**

T 29

3 **Lies die Fragen und klär die Wörter.**

1. Worauf achtet Frau Sousa bei den Bewerbungsdossiers?

2. Worauf schaut Herr Ludwig beim Zeugnis?

3. Was halten Herr Ludwig und Frau Sousa von Porträts in Bewerbungsdossiers?

4 **Hör den ersten Teil des Interviews in der Radiosendung *Fokus* und notier die Antworten zu den Fragen in Aufgabe 3 in Stichworten.**

T30

5 **Lies die Fragen und klär die Wörter.**

1. Wie viele Personen laden Herr Ludwig und Frau Sousa zu einem Vorstellungsgespräch ein?

2. Worauf sollte man bei Kleidung, Parfüm und Schmuck achten, wenn man an ein Bewerbungsgespräch geht?

3. Zu welchen Themenbereichen stellt Frau Sousa den Jugendlichen Fragen?

4. Was kann Herr Ludwig bei der Schnupperlehre sehen?

6 **Hör den zweiten Teil des Interviews in der Radiosendung *Fokus* und notier die Antworten zu den Fragen in Aufgabe 5 in Stichworten.**

T31

7 **Hör das ganze Interview und notier jeweils ein bis zwei Punkte, mit denen man einen guten oder einen schlechten Eindruck machen kann.**

	guter Eindruck	schlechter Eindruck
Bewerbungsdossier		
Schnuppertage		
Bewerbungsgespräch		

8 **Bearbeite im Arbeitsheft auf Seite 91 das Kapitel «Auf dem Weg zur Lehrstelle» und auf Seite 92 das Kapitel «Verben mit festen Verbindungen 3».**

Berufswahl und berufliche Grundbildung

1 Lies den Titel des Texts auf Seite 93 und schau das Bild an. Was kommt dir dazu in den Sinn? Notier Stichworte.

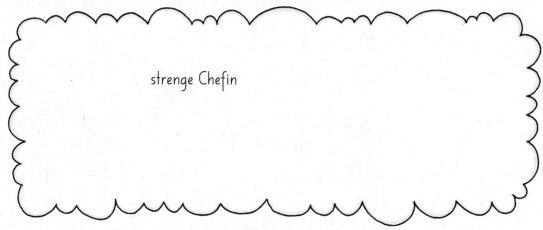

strenge Chefin

2 Lies den Lead, das heisst den Abschnitt am Anfang des Texts auf Seite 93. Ergänz weitere Stichworte in Aufgabe 1.

3 Lies die folgenden Zwischentitel. Zu welchen Abschnitten gehören sie? Lies den ganzen Text auf Seite 93 und notier die Zeilennummern in die Tabelle.

Zwischentitel	Zeilennummern
Was tun bei Problemen?	Zeilen ____ bis ____
Gründe für eine Auflösung	Zeilen ____ bis ____
Wie weiter nach dem Abbruch?	Zeilen ____ bis ____
Häufigkeit von Lehrabbrüchen	Zeilen ____ bis ____

4 Lies den ersten Abschnitt genau und markier, wie häufig und von wem in der Schweiz eine Lehre abgebrochen wird.

5 Lies den zweiten Abschnitt genau und markier vier Gründe für einen Lehrabbruch.

6 Lies den dritten Abschnitt genau und markier, mit wem Jugendliche über Probleme in der Lehre sprechen können.

7 Lies den vierten Abschnitt genau und markier, wie viele Berufslernende nach einem Abbruch eine neue Lehrstelle finden und wie schnell.

8 Lies nochmals den ganzen Text und fass jeden Abschnitt in einem bis zwei Sätzen zusammen.

9 Bearbeite im Arbeitsheft auf Seite 93 das Kapitel «Verben im Futur I und Futur II».

Wenn es in der Lehre nicht läuft

Ein Trendbericht zeigt, dass Lehrabbrüche in der Schweiz weitverbreitet sind.
Dahinter stehen vielfältige Probleme. Viele Abbrüche können aber verhindert
werden, wenn man die Probleme frühzeitig angeht.

1   Am Ende der Schulzeit freuen sich die meisten
Jugendlichen auf die bevorstehende Lehre. Doch die
Zahlen zeigen: Vorfreude allein reicht nicht, damit
die Lehre zu einer Erfolgsgeschichte wird. Jeder vierte
5 bis fünfte Lehrvertrag wird aufgelöst – oft bereits im
ersten Lehrjahr. Dabei brechen Männer eine Lehre
häufiger ab als Frauen.

    Die Gründe, weshalb ein Lehrvertrag aufgelöst
wird, sind vielfältig. Patrick Retzmann, Experte für
10 Berufsbildung, erklärt: «Häufig merken die Lernenden erst in der Lehre, dass der gewählte Beruf doch
nicht der richtige ist.» Es kommt aber auch vor, dass
die Ausbildungsbedingungen in der Lehre nicht gut
sind. In manchen Betrieben werden Jugendliche als
15 günstige Arbeitskräfte eingesetzt und werden zu wenig gefördert. Manchmal ist auch das soziale Klima
am Arbeitsort das Problem, zum Beispiel wenn sich
Lernende mit den Kolleginnen und Kollegen im
Team nicht verstehen und sich deshalb an ihrem Ar-
20 beitsort nicht wohlfühlen. Doch nicht immer liegt es
am Betrieb, wie Retzmann ergänzt: «Viele Lernende
haben Mühe mit der Disziplin und dem Durchhaltewillen. Es ist anspruchsvoll, neben der Lehre auch
noch zur Berufsfachschule zu gehen. Da beobachten
25 wir oft, dass die Leistungen plötzlich nachlassen.
Und schlechte Leistungen in der Lehre oder an der
Berufsfachschule können ebenfalls ein Grund dafür
sein, dass ein Betrieb den Lehrvertrag auflöst.»

    Retzmann betont jedoch, dass die Lehrvertrags-
30 auflösung der letzte Ausweg ist: «Wichtig ist, dass die
Lernenden frühzeitig mit den Ausbildungsverantwortlichen sprechen, wenn ihnen etwas Kummer
bereitet. Diese kennen die typischen Schwierigkeiten
in einer Lehre. Gerade Anfangsschwierigkeiten sind
35 in der Berufslehre nichts Aussergewöhnliches. Aus-
bildungsverantwortliche wissen, wie man damit umgehen kann, und können ihre Lernenden entsprechend unterstützen.» Auch Freunde, Eltern oder
Mitlernende aus der Berufsfachschule sind gute Ge-
40 sprächspartner bei Schwierigkeiten, da die meisten
schon selbst in einer ähnlichen Situation waren. Bei
Problemen mit den Leistungen an der Berufsfachschule rät Retzmann, Stützunterricht und Lernbegleitungen in Anspruch zu nehmen.

45   Dass es manchmal trotz aller Unterstützung einfach nicht passt, kann vorkommen. In diesen Fällen
rät Retzmann, die Lehre tatsächlich abzubrechen. Er
weist jedoch auch darauf hin, dass dies nicht das
Ende der Welt bedeutet. Laut Statistik beginnen zwei
50 Drittel der Lehrabbrechenden innerhalb von zwei bis
drei Jahren mit einer neuen Ausbildung. Viele finden
sogar innerhalb weniger Monate nach Lehrabbruch
wieder eine neue Ausbildungsstelle. Ein Lehrabbruch
kann also durchaus auch eine Chance für einen Neu-
55 anfang sein.

Das Bewerbungsgespräch

1   **Hör den Dialog und lies mit. Klär die Wörter.**

🗨 Vielen Dank, dass Sie zu uns gekommen sind. Wir begrüssen Sie zu diesem Bewerbungsgespräch. Das Gespräch wird etwa 45 Minuten dauern. In dem Gespräch geht es zunächst einmal darum, uns gegenseitig besser kennen zu lernen. Wir werden Ihnen einige Fragen stellen, bei denen es um Sie persönlich geht. Dann sprechen wir auch über die Ausbildung als Logistiker bei uns und das weitere Vorgehen im Selektionsverfahren. Vielleicht haben Sie auch Fragen an uns mitgebracht. Die können Sie dann am Ende noch stellen. Zuerst aber ein paar Fragen an Sie. Wie sind Sie eigentlich auf den Beruf Logistiker gekommen?

🗨 Zuerst einmal vielen Dank für die Einladung zum Gespräch. Das hat mich sehr gefreut. Für mich war schnell klar, dass ich einen Beruf erlernen möchte, in dem ich zupacken kann. Ich habe zuerst in einer Autogarage als Reifenpraktiker geschnuppert. Dort habe ich dann gemerkt, dass mir vor allem die Arbeit im Lager Spass macht. Deshalb habe ich noch eine Schnupperlehre als Logistiker gemacht. Und die hat mir wirklich gut gefallen.

🗨 Was hat Ihnen denn an diesem Beruf besonders gefallen?

🗨 Na ja, es gibt so viele verschiedene Arbeiten, die man machen muss: Waren entgegennehmen und kontrollieren, die Waren im Computersystem verbuchen … Das habe ich besonders gern gemacht.

🗨 Die Lehre als Logistiker kann man ja in verschiedensten Betrieben machen. Weshalb haben Sie sich bei uns beworben?

🗨 In Ihrem Betrieb arbeitet man nicht nur im Lager, sondern auch draussen auf dem Areal, wenn man zum Beispiel Waren in die verschiedenen Gebäude bringen muss. Das gefällt mir.

🗨 Was muss Ihrer Meinung nach ein Logistiker denn mitbringen, damit er den Beruf gut ausüben kann?

🗨 Meiner Meinung nach muss ein Logistiker handwerklich geschickt sein und er muss auch Organisationstalent mitbringen. Wichtig ist sicher auch, dass er selbstständig arbeiten kann und verantwortungsbewusst ist.

🗨 Weshalb denken Sie, dass Sie für diesen Beruf geeignet sind?

🗨 Für mich sind Ordnung und speditives Arbeiten sehr wichtig und ich kann gut selbstständig arbeiten.

🗨 Als Logistiker arbeiten Sie oft mit Geräten und Maschinen. Haben Sie schon Erfahrungen damit gesammelt?

🗨 Während der Schnupperlehre habe ich schon einige Maschinen kennen gelernt und ich durfte unter Aufsicht auch schon einige ausprobieren. Das fand ich sehr interessant. Nur mit dem Gabelstapler durfte ich nicht herumfahren. Darauf freue ich mich aber schon jetzt.

🗨 Als Logistiker arbeitet man im Team. Welche Rolle übernehmen Sie gerne in einem Team?

🗨 Also, wenn wir in der Schule eine Gruppenarbeit machen müssen, dann übernehme ich oft die Koordination der Gruppe. Zwar finde ich, dass alle mitmachen sollen und nicht einfach jemand die anderen herumkommandiert. Aber es ist trotzdem wichtig, dass jemand den Überblick hat, und das kann ich recht gut.

••• Im Zeugnis habe ich gesehen, dass Sie in Bezug auf Pünktlichkeit nicht immer im Bereich «gut» waren . Glauben Sie, dass dies in der Lehre ein Problem werden könnte?

•• Am Anfang der Sekundarschule hatte ich tatsächlich ein bisschen Probleme mit der Pünktlichkeit . Dann habe ich aber gemerkt, dass das so nicht geht. Ich habe mich zusammengerissen und es auch geschafft, mich zu verbessern. Für die Lehre habe ich mir fest vorgenommen, immer pünktlich zur Arbeit zu erscheinen .

• Sehr gut. Das sind für den Moment alle Fragen, die ich an Sie habe. Nun können Sie gerne Ihre Fragen zur Ausbildung bei uns stellen.

2 Lies die Fragen, die sich der Bewerber für das Bewerbungsgespräch notiert hat. Markier die sinnvollen Fragen grün. Markier die Fragen rot, die der Bewerber vor dem Gespräch recherchieren sollte oder die ganz einfach unpassend sind.

> Wer genau ist für die praktische Ausbildung zuständig?
> Wie lange dauert die Ausbildung?
> Was sind die Arbeitszeiten?
> Ist es richtig, dass ich die Berufsfachschule in Winterthur besuche?
> Gibt es zurzeit noch andere Lernende in Ihrem Betrieb?
> Können Sie mir erklären, was Ihre Firma genau macht?
> Dürfen wir das Handy bei der Arbeit benutzen?
> Gibt es bestimmte Kleidervorschriften?
> Ist das Mittagessen in der Kantine für Angestellte günstiger?
> Gibt es auch Schicht- oder Wochenendarbeit?

3 Schreibt einen Paralleldialog. Ihr könnt die markierten Teile im Dialog durch eigene Inhalte ersetzen und am Schluss Fragen und Antworten zur Ausbildung ergänzen.

4 Lernt euren Dialog nach der Korrektur auswendig und spielt ihn der Klasse theatralisch vor.

5 Bearbeite im Arbeitsheft auf Seite 95 das Kapitel «Zeitenfolge» und auf Seite 98 das Kapitel «Satzanalyse: Vertiefung».

Vortrag: Wenn es in der Lehre nicht läuft

1 Der Text auf Seite 93 ist die Grundlage für den Vortrag. Falls du die Aufgaben dazu auf Seite 92 noch nicht bearbeitet hast, dann lös sie zuerst.

2 Lies den ganzen Text auf Seite 93 nochmals und schreib die Zwischentitel auf vier Folien am Computer.

3 Lies die Angaben im Schüttelkasten und ordne sie den vier Folien zu. Falls du nicht sicher bist, kannst du im Text auf Seite 93 nachsehen.

☐ schlechtes soziales Klima

☐ schlechte Ausbildungsbedingungen im Betrieb

☐ häufiger Männer als Frauen

☐ zu wenig Disziplin und Durchhaltewillen

☐ Gespräch mit Ausbildungsverantwortlichen führen

☐ Stützunterricht oder Lernbegleitungen

☐ schlechte Leistungen in der Lehre oder Berufsfachschule

☐ nicht das Ende der Welt

1 Auflösung von 20–25 % aller Lehrverträge

☐ Beginn einer neuen Ausbildung: 60 % der Berufslernenden

☐ falsche Berufswahl

☐ Austausch mit Freunden, Eltern oder Mitlernenden

4 Gestalte am Computer die vier Folien mit den Informationen aus Aufgabe 3 und mit passenden Bildern aus dem Internet. Gestalte auch eine Titel- und eine Schlussfolie.

5 Recherchier im Internet weitere Informationen zum Thema. Schreib dazu eine bis zwei weitere Folien.

Internetrecherche

1. Gib im Suchfeld folgende Begriffe ein: *Krise in der Lehre* oder *Lehrabbruch Tipps*.
2. Such Antworten auf folgende Fragen:
   - Welche weiteren Tipps gibt es, um einen Lehrabbruch zu vermeiden?
   - Wie muss man nach einem Lehrabbruch vorgehen?
3. Erstell weitere Folien. Schreib je einen Folientitel und passende Stichworte.

6 Lies den Text auf Seite 93 noch zwei bis drei Mal laut.

7 Schreib deinen Vortrag mithilfe der folgenden Formulierungen und lass ihn korrigieren.

Titelfolie	In meinem Vortrag erzähle ich von einem Trendbericht zum Thema ...
	Ich spreche über die Gründe, warum ...
	Dann erzähle ich, wie man bei Problemen in der Lehre ...
Folie 1	Obwohl sich die meisten Jugendlichen auf die Lehre freuen, ...
	Abgebrochen wird jede ...
	Männer ...
Folie 2	Für einen Lehrabbruch gibt es ...
	Erstens kann es vorkommen, dass ...
	Zweitens sind manchmal die ...
	Dies ist einerseits der Fall, wenn die Jugendlichen ...
	Anderseits kann es auch schwierig sein, wenn ...
	Allerdings liegt das Problem nicht immer beim Betrieb, sondern kann auch ...
	Beispielsweise haben nicht alle Lernenden genug ...
	Wenn die Leistungen ...
Folie 3	Bevor man eine Lehre abbricht, sollte man versuchen, die Probleme ...
	Unterstützung holen kann man zum Beispiel bei ...
	Helfen können auch Gespräche mit ...
	Wenn man schlechte Noten hat, ...
Folie 4	Manchmal bleibt bei Problemen nichts anderes übrig, als ...
	Das ist aber nicht ...
	Gemäss Statistiken finden zwei Drittel ...
	Eine neue Lehre finden viele ...
eigene Folie 5	Um einen Lehrabbruch zu vermeiden, kann man bei Problemen Folgendes beachten: ...
eigene Folie 6	Bei einem Lehrabbruch ist Folgendes zu beachten: ...
Schlussfolie	Vielen Dank für eure Aufmerksamkeit.

8 Lern deinen Vortrag nach der Korrektur mit den Folien frei sprechen.

9 Halte deinen Vortrag. Das Publikum gibt Rückmeldungen dazu.

10 Notier, worauf du beim nächsten Vortrag achten willst.

_____

_____

_____

_____

_____

_____

_____

_____

Meine Bewerbung für eine Lehrstelle

1 Lies die zwei Bewerbungsbriefe und klär die Wörter.

Berfin Canatar / Feldweg 32 / 8630 Rüti / Tel. 076 987 65 43

Rebolation Architektur GmbH
Industriestrasse 162
8610 Uster

Rüti, 3. September 2021

Bewerbung um eine Lehrstelle als Zeichnerin Architektur

Sehr geehrter Herr Morandi

Gemäss meinen Recherchen bilden Sie in Ihrem Betrieb auch Zeichnerinnen und Zeichner Architektur aus. Dies ist mein Traumberuf, weshalb ich mich bei Ihnen um eine Lehrstelle bewerben möchte.

Zum beiliegenden Lebenslauf möchte ich Ihnen gerne noch einige zusätzliche Informationen geben. Vor zweieinhalb Jahren kam ich zusammen mit meinen Eltern aus der Türkei nach Rüti. Dank meiner Cousine, die schon lange in der Schweiz lebt, habe ich mich gut integrieren können und die deutsche Sprache schnell gelernt. Weil ich mein Deutsch aber noch verbessern möchte, besuche ich zurzeit noch zusätzlichen Deutschunterricht. Ich gehe gerne zur Schule und werde im nächsten Sommer die Sekundarschule A abschliessen. Meine liebsten Schulfächer sind Mathematik, Englisch, Sport und Geometrisches Zeichnen. In meiner Freizeit spiele ich gerne Handball, ich treffe mich mit Freundinnen und Freunden und zeichne gerne.

Dass Zeichnerin Fachrichtung Architektur mein Traumberuf ist, habe ich bei meiner Schnupperlehre gemerkt. Dort habe ich gesehen, dass Zeichnerin ein sehr vielfältiger Beruf ist, bei dem man einerseits eine grosse Verantwortung hat, sich andererseits aber auch im Team gegenseitig hilft und unterstützt. Ich könnte mir gut vorstellen, nach Vorgaben Skizzen zu zeichnen und aus diesen dann mithilfe des CAD-Programms Baupläne zu erstellen. Es würde mir auch gut gefallen, auf die Baustelle zu gehen, um zu kontrollieren, wie das Geplante praktisch umgesetzt wird.

Ich finde, dass dieser Beruf sehr gut zu mir passt, weil Mathematik und Geometrisches Zeichnen meine Stärken sind und ich ein sehr gutes räumliches Vorstellungsvermögen habe. Ich bin eine geduldige Person und arbeite gerne genau und sorgfältig. Ausserdem bin ich es gewohnt, selbstständig und konzentriert am Computer zu arbeiten. Die Arbeit im Team macht mir grosse Freude. Ich kann mich gut organisieren, bin hilfsbereit und halte Termine stets ein. Was meine Persönlichkeit angeht, bin ich ein fröhlicher Mensch und habe gute Umgangsformen.

Ich hoffe sehr, einen guten Eindruck bei Ihnen hinterlassen zu haben, und freue mich auf Ihre Antwort. Gerne überzeuge ich Sie bei einem Vorstellungsgespräch von meinen Stärken. Für die wohlwollende Prüfung meiner Bewerbung und für Ihren Zeitaufwand danke ich Ihnen.

Freundliche Grüsse

B. Canatar

Berfin Canatar

Beilage: Lebenslauf

Raoul Meyer, Tellstrasse 66, 8400 Winterthur, Tel. 077 742 10 00

Fazio-Miller AG
Waldstrasse 11
8600 Dübendorf

Winterthur, 6. November 2022

Bewerbung um eine Lehrstelle als Strassenbaupraktiker

Sehr geehrter Herr Fazio

In diesem Frühling durfte ich bei Ihnen eine Schnupperlehre als Strassenbaupraktiker machen. Diese Woche hat mir sehr gefallen. Nun möchte ich diesen Beruf unbedingt lernen und schicke Ihnen deshalb meine Bewerbungsunterlagen für eine Lehrstelle.

Zurzeit besuche ich die 3. Klasse der Sek B. Meine Lieblingsfächer sind Werken, Sport, Englisch und Natur und Technik. In meiner Freizeit fahre ich Skateboard, treffe mich mit Freunden oder helfe meinem Vater bei handwerklichen Tätigkeiten. Letztes Jahr haben wir zum Beispiel einen Velounterstand gebaut. Weitere Angaben zu meiner Person finden Sie im beigelegten Lebenslauf.

Den Beruf Strassenbaupraktiker möchte ich erlernen, weil ich gerne draussen und im Team arbeite. Mir gefällt es, körperlich und mit den Händen zu arbeiten. Ich durfte während der Schnupperlehre helfen, den alten Belag von der Strasse zu entfernen, die Strasse mit einer Vibroplatte zu planieren und anschliessend zu asphaltieren. Das waren alles sehr interessante Erfahrungen.

Ich denke, dass ich ein guter Strassenbaupraktiker wäre, weil ich gut handwerklich arbeiten kann. Ausserdem arbeite ich konzentriert und fleissig. Als Person bin ich ein Jugendlicher, der gerne lacht und höflich ist.

Es würde mich sehr freuen, bei Ihnen den Beruf des Strassenbaupraktikers erlernen zu dürfen. Ich hoffe deshalb, bald von Ihnen zu hören, und danke Ihnen für Ihren Zeitaufwand.

Freundliche Grüsse

R. MEYER

Raoul Meyer

Beilage: Lebenslauf

2 Lies die zwei Bewerbungsbriefe von Aufgabe 1 nochmals und markier im Balken links die Abschnitte mit den folgenden Farben.

| Motivation für diesen Beruf | Informationen zu meiner Person | Schluss |

| beigelegte Unterlagen | Einleitung | meine Stärken | Titel und Anrede | Ort und Datum |

| Absender/Absenderin | Gruss, Unterschrift, Name | Empfänger/Empfängerin |

3 Lies die beiden Briefe nochmals und markier die Formulierungen, die du für deinen Bewerbungsbrief nutzen könntest.

4 Bearbeite im Arbeitsheft auf Seite 99 das Kapitel «Passt das?» und auf Seite 100 das Kapitel «Mein Bewerbungsbrief für eine Lehrstelle».

Meine Rechte und Pflichten in der Lehre

1 Lies den Titel. Was kommt dir zu den Wörtern *Rechte* und *Pflichten* in den Sinn? Notier Stichworte.

2 Lies die folgende Informationsbroschüre zur Berufsausbildung und klär die Wörter.

In der Lehre habe ich nicht nur Pflichten, sondern auch Rechte!
Während der beruflichen Grundbildung gelten für Jugendliche andere Rechte und Pflichten als während der obligatorischen Schulzeit. Diese Rechte und Pflichten sind in verschiedenen schweizweiten oder kantonalen Gesetzen festgehalten. Die eigenen Rechte und Pflichten zu kennen ist wichtig, damit man weiss, was in der Lehre erlaubt ist und was nicht.

Lehrvertrag

Der Lehrvertrag ist ein Einzelarbeitsvertrag zwischen einer/einem Lernenden, dem Lehrbetrieb und – falls der/die Lernende noch nicht volljährig ist – den Eltern der/des Lernenden. Im Vertrag stehen der Beruf, die Ausbildungsdauer und die Art des Ausbildungsabschlusses. Ausserdem sind darin die Dauer der Probezeit und der Ferien sowie der Lohn und andere Details geregelt. Mit dem Vertrag verpflichtet sich der Betrieb, die Lernenden nach dem Gesetz auszubilden. Der/die Lernende verpflichtet sich, im Betrieb Arbeit zu leisten. Damit ein Lehrvertrag gültig ist, muss er vom kantonalen Berufsbildungsamt genehmigt sein.

Probezeit

Die Probezeit dauert 1 bis 3 Monate und dient dazu, dass die Lernenden überprüfen können, ob die Berufs- und Stellenwahl ihren Vorstellungen entspricht. Der Betrieb kann gleichzeitig überprüfen, wie die Lernenden arbeiten und wie gut die Zusammenarbeit klappt.

Die Details zur Probezeit sind im Lehrvertrag geregelt. Steht im Lehrvertrag nichts zur Probezeit, dauert sie 3 Monate. In gegenseitiger Absprache kann die Probezeit auf maximal 6 Monate verlängert werden. Während der Probezeit gilt eine Kündigungsfrist von 7 Tagen.

Arbeitszeit

Die Arbeitszeit von Lernenden darf nicht länger als 9 Stunden pro Tag sein. Mit den Pausen darf der Arbeitstag nicht länger als 12 Stunden sein.

Für Jugendliche bis zum 18. Lebensjahr gilt zusätzlich ein Jugendschutzgesetz. Sie dürfen erst ab 6 Uhr morgens arbeiten und ihre Arbeit muss spätestens um 22 Uhr enden, ausserdem ist Sonntagsarbeit verboten. Für Lernende in Berufen wie zum Beispiel Hotelfachmann/-frau, die ohne Sonntags- oder Nachtarbeit die Ausbildungsziele nicht erreichen können, gibt es separate Regelungen.

Ferien und Freizeit

Bis zum vollendeten 20. Lebensjahr haben Jugendliche Anspruch auf mindestens 5 Wochen Ferien. Mindestens 2 Wochen müssen sie am Stück nehmen können.

Da Lernende gleichzeitig die Berufsfachschule besuchen, müssen sie ihre Ferien im Betrieb während der schulfreien Zeit nehmen. Deshalb ist es wichtig, dass sich Lernende frühzeitig mit den Vorgesetzten absprechen.

Jugendurlaub

Für Jugendliche, die freiwillig in einer sozialen oder kulturellen Organisation mitarbeiten, sieht das Gesetz bis zum 30. Lebensjahr zusätzlich eine Woche Jugendurlaub vor. Diese wird für die Leitung von Lagern, Kursen oder Weiterbildungen gewährt.

Jugendliche müssen den Jugendurlaub 2 Monate vorher beim Lehrbetrieb anmelden und haben, ausser bei Leiterkursen von *Jugend und Sport* (J+S), während des Jugendurlaubs kein Recht auf Lohn.

Feiertage

Müssen Lernende ausnahmsweise an einem Feiertag arbeiten, haben sie das Recht, diesen zu kompensieren. Fällt ein Feiertag in die Ferienzeit, kann dieser Tag nachbezogen werden.

Lohn

Im Lehrvertrag ist der Lohn festgehalten. Es gibt keinen gesetzlich vorgeschriebenen Lohn für Lernende. Berufsverbände geben jedoch Empfehlungen ab. Trotzdem kann es sich lohnen, den Lohn mit demjenigen von anderen Mitlernenden zu vergleichen.

Überbetriebliche Kurse

Die überbetrieblichen Kurse (ÜK) ergänzen die Ausbildung im Betrieb und in der Berufsfachschule. Sie finden ein bis zwei Mal pro Jahr statt und dauern mehrere Tage. Der Besuch der überbetrieblichen Kurse ist obligatorisch, deshalb muss der Lehrbetrieb die Spesen für Reise, Verpflegung und andere Kosten übernehmen.

Stützkurse

Wenn Lernende Probleme im Unterricht haben, können sie für eine befristete Zeit Stützkurse besuchen. Die Berufsfachschule entscheidet gemeinsam mit dem Lehrbetrieb und der / dem Lernenden, ob ein Stützkurs notwendig ist. Der Stützkurs darf maximal einen halben Arbeitstag pro Woche dauern. Der Besuch erfolgt ohne Lohnabzug.

Qualifikationsverfahren

Zum Qualifikationsverfahren gehören alle Teilprüfungen, Standortbestimmungen, Prüfungsarbeiten und die Lehrabschlussprüfung. Für das Fähigkeitszeugnis (EFZ) und das Berufsattest (EBA) zählen zur Hälfte die berufliche Praxis und zur Hälfte die Abschluss- und Erfahrungsnoten aus der Berufsfachschule. Die Prüfung ist mit einer Gesamtnote 4 bestanden.

Wird die Lehrabschlussprüfung nicht bestanden, kann sie maximal zwei Mal wiederholt werden. Lehrbetriebe sind nicht verpflichtet, den Lehrvertrag bis zur Wiederholung der Prüfung zu verlängern. Für eine Verlängerung muss ein Gesuch beim Berufsbildungsamt gestellt werden.

3 Bearbeite im Arbeitsheft auf Seite 101 das Kapitel «Meine Rechte und Pflichten in der Lehre».

9 Geschichten

Inhalt

Das kann ich.

Ich kann einen Vortrag über die Funktion von Geschichten verstehen. 😊 😐 ☹️

Ich kann eine Sage verstehen. 😊 😐 ☹️

Ich kann einen Dialog über eine TV-Serie variieren und vorspielen. 😊 😐 ☹️

Ich kann einen Vortrag über eine Sage vorbereiten und halten. 😊 😐 ☹️

Ich kann einen Kurzfilm zusammenfassen. 😊 😐 ☹️

Menschen mögen Geschichten

1 **Lies den Titel und schau die Bilder an. Was kommt dir dazu in den Sinn? Notier Stichworte.**

2 Die Kommunikationsberaterin Chantal Aguado hält einen Vortrag zum Thema «Warum der Mensch Geschichten mag». Lies die Sprechblase und ergänz deine Stichworte aus Aufgabe 1.

Geschichten sind ein wichtiger Bestandteil im Leben eines Menschen. Egal ob wir von den Ferien erzählen, einen Spielfilm sehen oder gamen, immer sind Geschichten im Spiel. In meinem Vortrag möchte ich darlegen, welche Funktionen Geschichten haben und warum unser Gehirn in Geschichten denkt.

3 Lies die Notizen, die sich Frau Aguado für den Vortrag gemacht hat, und klär die Wörter.

Bestandteile einer Geschichte:
Hauptperson, Problem, Lösung
löst Emotionen aus

Unsere Vorfahren:
vor 40 000 Jahren
Höhlenmalereien = Bildergeschichten

viele Formen von Geschichten:
Experiment mit einer Geschichte
Literatur: Roman, Kurzgeschichte ...

Funktion von Geschichten:
aus Erfahrungen der anderen lernen

4 Hör den Vortrag und nummerier die Notizzettel in Aufgabe 3 in der richtigen Reihenfolge.

T33 – T35

5 Hör den Vortrag nochmals und notier weitere Stichworte auf den Notizzetteln in Aufgabe 3.

6 Vergleicht eure Notizen und sprecht darüber, was ihr vom Vortrag verstanden habt.

Was weisst du noch vom ersten Teil des Vortrags?

Ich habe verstanden, dass sich die Menschen schon vor 40 000 Jahren Geschichten erzählt haben. Aber ich weiss nicht mehr genau, warum. Hast du das verstanden?

Ich habe verstanden, dass sie sich in den Geschichten Erlebnisse erzählt haben und so voneinander lernen konnten.

7 Bearbeite im Arbeitsheft auf Seite 103 das Kapitel «Geschichten in meinem Leben».

Eine Sage aus dem Kanton Uri

1 Bearbeite im Arbeitsheft auf Seite 104 das Kapitel «Vier Arten von Geschichten».

2 Lies die Informationen zur Schöllenenschlucht und klär die Wörter.

> Der Gotthardpass ist die kürzeste Verbindung zwischen dem Norden und dem Süden Europas. Nur eine Stelle im Kanton Uri blieb lange Zeit ein grosses Hindernis: die Schöllenenschlucht. Bis zum Jahr 1220 führte kein sicherer Weg durch diese Schlucht, deshalb musste man sie über Umwege umgehen. Das kostete aber viel Zeit. Dank dem Bau einer Brücke konnten nun Menschen und Waren schneller über den Gotthardpass transportiert werden. Der Bau der Teufelsbrücke war aber für die damalige Zeit eine fast unmenschliche Aufgabe. Aus diesem Grund entstand auch die Sage von der Teufelsbrücke.

3 Lies den Titel des Texts auf Seite 105 und schau die Bilder an. Was kommt dir dazu in den Sinn? Notier Stichworte.

gefährliche Stelle

4 Lies die folgenden Zwischentitel. Zu welchen Abschnitten gehören sie? Lies den ganzen Text auf Seite 105 und notier die Zeilennummern in die Tabelle.

Zwischentitel	Zeilennummern
Der Teufel flieht vor dem Kreuz.	Zeilen ____ bis ____
Die Urner wollen eine Brücke bauen.	Zeilen ____ bis ____
Die Urner machen einen Pakt mit dem Teufel.	Zeilen ____ bis ____
Die Urner überlisten den Teufel.	Zeilen ____ bis ____

5 Lies die ganze Sage nochmals und schreib eine Zusammenfassung.

Die Sage handelt von der Teufelsbrücke im Kanton Uri.
Die Hauptfiguren sind …
Das Problem ist, dass die Urner …
Als Lösung bietet der Teufel an, dass …
Aber der Teufel will …

Die Urner schicken deshalb …
Der Teufel wird wütend und will …
Aber eine alte Frau ritzt …
Der Teufel sieht das Kreuz und …

6 Bearbeite im Arbeitsheft auf Seite 107 das Kapitel «Wie nennt man das?».

Die Sage von der Teufelsbrücke

1 Die Schöllenenschlucht war schon immer ein grosses Hindernis auf dem Weg durch den Kanton Uri und über den Gotthard. Hier war die Schlucht besonders steil und tief unten floss ein reissender Fluss,
5 die Reuss. Es schien unmöglich, dort eine Brücke von der einen Seite der Schlucht auf die andere zu bauen. Aber eines Tages entschlossen sich die Leute in Uri, endlich einen besseren Weg durch die Schöllenenschlucht zu bauen.

10 Als die wichtigen Herren aus dem Kanton Uri vor der Schöllenenschlucht standen, waren sie verzweifelt, denn sie wussten keinen Rat, wie sie eine Brücke bauen könnten. Da rief der Landammann plötzlich laut: «Soll doch der Teufel eine Brücke bauen!» Kaum
15 hatte er das gesagt, stand der Teufel vor ihnen. Er blickte sie listig an und sagte: «Ich werde euch die Brücke in drei Tagen bauen. Aber als Lohn will ich den Ersten, der über die Brücke geht, mit mir mitnehmen.» Der Vorschlag war für die Urner sehr

20 verlockend, denn die Brücke war für sie sehr wichtig. Schliesslich stimmten sie diesem Vorschlag verängstigt zu, denn alle fürchteten sich vor dem Teufel.

Als die Urner drei Tage später in die Schöllenenschlucht zurückkehrten, waren sie verblüfft. Da stand
25 tatsächlich eine Brücke über der tiefen Schlucht. Und auf der anderen Seite der Brücke sass der Teufel und wartete auf seinen Lohn. Doch die Urner waren schlau und hatten einen Ziegenbock mitgebracht. Kaum hatte der Ziegenbock den Teufel gesehen,
30 rannte er über die Brücke auf den Teufel zu. Da lachten die Urner schadenfroh und riefen: «So, das ist der Erste, der über die Brücke gelaufen ist. Den kannst du wie versprochen mit dir mitnehmen.»

Der Teufel fühlte sich betrogen und ausgelacht,
35 denn er hatte eigentlich auf einen Menschen gewartet. Er zerriss den Ziegenbock wütend in hundert Stücke und raste hinunter in den Wald. Dort holte er einen riesigen Felsblock, mit dem er die Brücke zerstören wollte. Doch da der Felsblock so schwer war,
40 musste er ihn am unteren Ende der Schlucht abstellen und eine kurze Pause machen. Zufällig kam in dem Moment eine alte Frau vorbei und erkannte den Teufel. Schnell und heimlich ritzte sie ein christliches Kreuz in den Stein. Da konnte der Teufel, der
45 Angst vor dem Zeichen des Kreuzes hatte, den Felsblock nicht mehr anfassen und versank zornig im Boden.

Seit dieser Zeit hat man den Teufel im Kanton Uri nie mehr gesehen. Die Teufelsbrücke und der Teu-
50 felsstein sind aber auch heute noch dort zu sehen.

die Teufelsbrücke

der Teufelsstein

Ich finde diese Serie einfach ...

T36

1 **Hör den Dialog und klär die Wörter.**

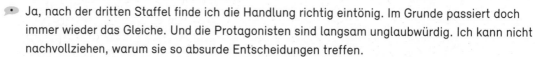

- Hast du gestern die neueste Folge von *Sherlock* gesehen?
- Natürlich! Ich habe eine Schwäche für komplizierte Kriminalfälle.
- Das geht mir eigentlich auch so, aber meine Begeisterung hat ziemlich nachgelassen. Zu Beginn fand ich die Serie fesselnd, einfach grossartig. Aber die letzten Folgen haben mich richtig enttäuscht.
- Meinst du das jetzt im Ernst? Das kann ich überhaupt nicht nachvollziehen.
- Ja, nach der dritten Staffel finde ich die Handlung richtig eintönig. Im Grunde passiert doch immer wieder das Gleiche. Und die Protagonisten sind langsam unglaubwürdig. Ich kann nicht nachvollziehen, warum sie so absurde Entscheidungen treffen.
- Das sehe ich ganz anders. Die Serie trifft meinen Geschmack absolut. Mir gefällt es, wenn die Protagonisten einen ungewöhnlichen Charakter haben. Das finde ich interessanter als Mainstream-Figuren.
- Das mag ja sein, aber in diesem Fall wirken die Personen langsam realitätsfern auf mich. So funktioniert doch kein Mensch.
- Da bin ich mir nicht so sicher. Die Serie thematisiert doch genau, wie komplex Menschen sein können und wie schwierig das Leben deswegen manchmal ist. Aber wenn du das nicht magst, dann ist vielleicht die Serie *Ocean Girl* etwas für dich. Da sind die Protagonisten nicht so extreme Figuren, aber trotzdem noch komplex. Kennst du diese Serie?
- Der Name sagt mir nichts, nein. Worum geht es in der Serie denn?
- Die Serie handelt von einer Forscherin, die mit ihren beiden Söhnen in eine Forschungsstation für Meeresbiologie zieht. Dort will sie die Sprache der Wale entschlüsseln. Auf einer Wal-Exkursion trifft der eine Sohn auf ein Mädchen, das mit Walen sprechen kann.
- Das klingt aber nicht sehr spannend. Ich bezweifle, dass mich dieser Plot fesseln würde.
- Ich gebe zu, es hat auch bei mir einige Folgen gebraucht, bis ich mich mit der Serie anfreunden konnte. Jetzt finde ich sie aber grossartig. Ich kann dir nur empfehlen, mal reinzuschauen.
- Was gefällt dir denn an der Serie so besonders? Und wie kommst du darauf, dass sie mir gefallen könnte?
- Am besten gefallen mir die Dialoge. Sie sind witzig und gut geschrieben. Aber auch die Handlung ist sehr abwechslungsreich und voller Überraschungen. Ich denke, das würdest du auch mögen.
- Das kann ich mir nicht so recht vorstellen. Aber vielleicht sollte ich der Serie eine Chance geben. Hast du Lust, die ersten Folgen nochmals mit mir zusammen zu schauen?
- Natürlich, gern! Lass uns einen Serienabend bei mir zu Hause machen, mit Cola und Popcorn und allem Drum und Dran.

2 **Bearbeite im Arbeitsheft auf Seite 109 das Kapitel «Wie findet er das? Wie findet sie das?».**

3 Lest die folgenden Situationen und die Redemittel in der Tabelle. Klärt die Wörter. Wählt eine Situation. Schreibt einen Dialog wie in Aufgabe 1 zwischen Person A und einer befreundeten Person B. Benützt dazu auch die Formulierungen für Diskussionen.

Situation 1

Person A ist ein grosser Fan eines Videospiels. Person B teilt diese Begeisterung nicht. Person A versucht, Person B von seinem Lieblingsgame zu überzeugen und sie zu überreden, es mal zusammen auszuprobieren.

Situation 2

Person A und Person B lesen sehr gerne. Person A ist grosser Fan von Romanen, Person B liest lieber Comics oder Manga. Person A findet, dass Comics Kinderkram sind. Person B verteidigt ihre Vorliebe für Comics mit dem Argument, dass es auch Comics für Erwachsene gibt.

Situation 3

Person A versteht nicht, weshalb viele Leute ständig Serien schauen. Sie sieht lieber Filme, weil diese abgeschlossen sind und sich nicht immer wiederholen. Person B ist ganz anderer Meinung.

Situation 4

Person A folgt einem Internetstar, der regelmässig neue Videos veröffentlicht. Person B versteht nicht, warum man Videokanälen von Fremden im Internet folgen sollte.

Formulierungen für Diskussionen	
etwas empfehlen	Das könnte etwas für dich sein, weil ... Besonders eindrucksvoll finde ich ... Dir könnte ... gefallen, weil ...
von der Handlung erzählen	Der Film/Roman/Comic handelt von ... In den Videos geht es darum, dass ... Das Ziel des Games ist ...
nachfragen	Bist du wirklich der Meinung, dass ...? Wie kommst du darauf, dass ...? Was gefällt dir denn an ...?
sich kritisch äussern	Ich bin nicht überzeugt, dass ... Die Handlung wirkt auf mich realitätsfern / an den Haaren herbeigezogen / konstruiert, weil ... Mit der Zeit ist die Handlung ermüdend/langatmig/banal, weil ... Ich finde, die Figuren sind langweilig/stereotyp, weil ... Meiner Meinung nach spricht ... eher Kinder an, weil .... hat mich geärgert/enttäuscht/überrascht/verwundert.
die eigenen Vorlieben beschreiben	Am liebsten habe ich Geschichten, bei denen man ... Ich habe eine Schwäche für ... Ich bevorzuge Serien, bei denen ... Ich halte nichts von ... , bei denen ... Das finde ich interessanter als ...

4 Lernt euren Dialog nach der Korrektur auswendig und spielt ihn der Klasse theatralisch vor.

Vortrag: Eine Sage

1   Der Text auf Seite 105 ist die Grundlage für den Vortrag über eine Sage. Falls du die Aufgaben dazu auf Seite 104 noch nicht bearbeitet hast, lös sie zuerst.

2   Lies die Zwischentitel und die Formulierungen. Schreib die Zwischentitel in die Vortragsstruktur.

> Zusammenfassung der *Sage von der Teufelsbrücke*
>
> Inhaltsübersicht
>
> Typische Merkmale in der *Sage von der Teufelsbrücke*
>
> Die Textsorte Sage

_____	In meinem Vortrag stelle ich euch eine Sage vor. Zuerst fasse ich die Sage zusammen. Anschliessend erkläre ich, was typisch für Sagen ist.
_____ _____ _____	Die Sage handelt von ... Die Hauptfiguren sind ... Das Problem ist, dass die Urner ... Als Lösung bietet der Teufel an, dass ... Aber der Teufel will ... Die Urner schicken deshalb ... Der Teufel wird wütend und will ... Aber eine alte Frau ritzt ... Der Teufel sieht das Kreuz und ...
_____ _____ _____	Die Geschichte, die ich euch vorgestellt habe, ist eine Sage. Aber was macht eigentlich eine Sage aus? Dazu möchte ich euch nun die typischen Merkmale dieser Textsorte vorstellen. In einer Sage gibt es ... Eine Sage spielt meistens ... Typisch ist auch, dass in einer Sage ein Teil ... Das Ziel einer Sage ist meistens, dass ...
_____ _____ _____	Als Nächstes zeige ich typische Merkmale, die in der Sage ... Ich habe ... Merkmale gefunden. Erstens: Die Sage spielt ... Zweitens: Die Hauptfiguren sind ... Drittens: Die Sage erklärt, wo/wie/was/warum ... Mir ist ausserdem aufgefallen, dass ... Insgesamt finde ich, dass ...

3 Notier die Zwischentitel und passende Stichworte auf die vier Folien. Falls du für die dritte Folie mehr Informationen brauchst, lies im Arbeitsheft auf Seite 104 den Text über die Textsorte Sage nochmals.

4 Schreib deinen Vortrag mithilfe der Formulierungen in Aufgabe 2. Lass deinen Text korrigieren.

5 Erstell die Folien am Computer mit deinen Notizen aus Aufgabe 3. Ergänz passende Bilder sowie eine Titel- und eine Schlussfolie.

6 Lern deinen Vortrag nach der Korrektur mit den Folien frei sprechen.

7 Halte deinen Vortrag. Das Publikum gibt Rückmeldungen dazu.

8 Notier, was dir in diesem Vortrag gut gelungen ist.

Über einen Kurzfilm schreiben

1 Such im Internet den Kurzfilm *Schwarzfahrer*. Schau den Film an.

2 Lies den Text über den Kurzfilm. Konzentrier dich auf das, was du verstehst. Klär fünf Wörter und lies den Text nochmals.

Schwarzfahrer

Bei dem Film *Schwarzfahrer* handelt es sich um einen Kurzfilm des Regisseurs Pepe Danquart. Der Schwarz-Weiss-Film wurde 1992 in Deutschland produziert und dauert knapp zehn Minuten. Er befasst sich mit dem Thema Rassismus. Schauplatz des Films ist ein Tram in Berlin. Die Hauptfiguren sind eine ältere Dame und ein dunkelhäutiger junger Mann, die in einem vollbesetzten Tram aufeinandertreffen.

Als ein junger Mann in ein Tram steigt, sieht er einen freien Platz neben einer älteren Dame. Er fragt sie in perfektem Deutsch, ob der Platz neben ihr noch frei sei. Die Dame mustert ihn verächtlich von oben bis unten, antwortet jedoch nicht. Als sich der junge Mann dennoch auf den freien Platz neben ihr setzt, beginnt die Dame, ihn rassistisch zu beleidigen. Dabei spricht sie ihn jedoch nicht direkt an, sondern redet eher mit sich selbst und zu den anderen im Tram. Sie schimpft über die vielen Ausländer, die ins Land kommen, und meint, dass sie sich deswegen nicht mehr sicher fühle. Im Tram ist es ganz ruhig und alle Fahrgäste hören ihre rassistischen Äusserungen. Eine Person nickt zustimmend, andere schauen weg, aber niemand sagt etwas. Nach einigen Haltestellen steigt ein Kontrolleur ins Tram und fragt die Passagiere nach ihren Fahrkarten. Daraufhin nimmt die Dame ihr Billett aus dem Portemonnaie und wartet, bis der Kontrolleur zu ihr kommt. Plötzlich reisst ihr der junge Dunkelhäutige das Billett aus der Hand, steckt es in den Mund und isst es auf. Die Dame schaut den Mann verblüfft an. In diesem Moment kommt der Kontrolleur und verlangt die Billette der beiden. Während der junge Mann seelenruhig sein Billett zeigt, sitzt die Dame nun ohne Billett da. Empört erklärt sie dem Kontrolleur: «Der Neger hier hat mein Billet aufgefressen.» Doch der Kontrolleur schaut die Dame nur kopfschüttelnd an und fordert sie auf, mit ihm auszusteigen. Er ignoriert ihre Proteste und gibt ihr eine Busse, weil sie ohne gültiges Billett Tram gefahren ist.

Dieser Kurzfilm hat mir sehr gut gefallen. Besonders gelungen finde ich den Schluss, weil die Handlung eine unerwartete Wendung nimmt. Ausserdem finde ich die Doppeldeutigkeit des Titels originell. Einerseits ist ein Schwarzfahrer eine Person, die ohne ein gültiges Billett fährt. Anderseits spielt der Titel darauf an, dass dunkelhäutige Menschen auch als «Schwarze» bezeichnet werden. Ich denke, dass der Regisseur mit diesem Film auf das Thema «Rassismus im Alltag» aufmerksam machen wollte. Beim Anschauen des Films habe ich mir überlegt, wie ich reagieren würde, wenn ich eine solche Szene in einem Tram beobachten würde. Meiner Meinung nach müsste man etwas sagen, wenn jemand eine andere Person derart respektlos behandelt. Allerdings weiss ich nicht, ob ich den Mut hätte, mich einzumischen. Ich finde es wichtig, dass die Leute über solche Themen nachdenken und sprechen. Deshalb kann ich den Kurzfilm sehr empfehlen, denn das Thema ist auch heute noch aktuell.

von Shpetim

3 Lies den Text in Aufgabe 2 nochmals und markier im Balken links die Abschnitte mit den folgenden Farben.

Handlung des Films   persönliche Stellungnahme   Informationen zum Film

4 Bearbeite im Arbeitsheft auf Seite 110 das Kapitel «Und dann ... und dann ... und dann» und auf Seite 112 das Kapitel «Über einen Kurzfilm schreiben».

5 Such im Internet den Kurzfilm *The Cookie Thief*. Es gibt verschiedene Versionen des Films. Wähl die Version von Korinna Sehringer aus dem Jahr 1998. Schau den Film, er dauert etwa acht Minuten.

> Ein Kurzfilm ist ein Film, der in der Regel zwischen wenigen Sekunden und 30 Minuten dauert. Kurzfilme können alle Arten von Filmen sein – Liebesfilme, Actionfilme oder Komödien.

6 Schreib einen Text über den Kurzfilm *The Cookie Thief*. Benütz die Textstruktur und die Formulierungen. Such die Hintergrundinformationen zum Film im Internet.

Das sind die Hintergrund-informationen.	Beim Film *The Cookie Thief* handelt es sich um einen Kurzfilm von ... Der Film wurde im Jahr ... in ... produziert. Er dauert ... Er befasst sich mit dem Thema ... Schauplatz des Films ist ... Die Hauptfiguren dieses Films sind ...
Das passiert im Film.	Eine Frau kauft an einem Kiosk im Flughafen ... Danach geht sie in den Wartebereich und ... Neben ihr sitzt ... und auf dem Tisch zwischen ihnen ... Die Frau beginnt, ... zu ... Plötzlich merkt sie, dass der Mann nebenan auch ... Sie ist genervt, aber ... Nun beginnen beide, demonstrativ ... zu ... Als es schliesslich nur noch ein Guetzli in der Schachtel hat, ... Daraufhin packt die Frau wütend ... und geht ... Als sie am Gate die Tasche öffnet, ... Da merkt sie, dass... Schnell läuft sie zum Wartebereich zurück, aber ...
Das halte ich vom Film.	Der Kurzfilm hat mir sehr/gut/nicht gefallen, weil ... Besonders spannend/lustig/gelungen ... finde ich, dass ... Ich vermute, dass die Regisseurin mit diesem Film zeigen wollte, ... Der Film regt zum Nachdenken an, weil ... Ich würde diesen Film ... (nicht) empfehlen, weil ... Ich finde den Film (nicht) sehenswert, weil ...

9

Internationale Kurzfilmtage Winterthur

1   **Lies die Texte. Klär die Wörter.**

Ein Verein mit etwa 50 Mitgliedern organisiert die Kurzfilmtage. Weitere Freiwillige helfen während der Kurzfilmtage.

_____

Die Kurzfilmtage sind ein jährlich stattfindendes Festival, das während sechs Tagen Kurzfilme aus der Schweiz und der ganzen Welt zeigt.

_____

Die Kurzfilmtage gibt es seit 1997.

_____

Das Festival findet jeweils im November statt.

_____

Die Kurzfilmtage finden in Winterthur statt.

_____

2   **Jeder Text in Aufgabe 1 kann eine W-Frage beantworten. Schreib die passenden Fragewörter unter die Texte.**

wo?   seit wann?   was?   wann?   wer?

3   **Auf der Website der Internationalen Kurzfilmtage Winterthur findest du unter der Rubrik «Geschichte» aus fast jedem Jahr einen Trailer (Werbefilm), der das Festival ankündet. Schau einen Trailer an und beantworte folgende Fragen.**

1. Aus welchem Jahr stammt der Trailer? _____

2. Wer ist/sind die Hauptperson(en)? _____

3. Wo spielt der Trailer? _____

4. Was passiert im Trailer? _____

_____

4   **Beschreib jemandem aus deiner Klasse den Inhalt deines Trailers mithilfe deiner Antworten aus Aufgabe 3.**

Kurzfilmnacht Schweiz

1 **Lies den Text. Klär die Wörter.**

Kurzfilmnacht Schweiz

Der Verein der Internationalen Kurzfilmtage Winterthur hat das Ziel, Kurzfilme in der ganzen Schweiz bekannt zu machen. Deshalb organisiert er neben den Internationalen Kurzfilmtagen in Winterthur auch die Kurzfilmnacht-Tour. Diese findet seit 2003 in verschiedenen Schweizer Städten jeweils während einer Nacht statt. Dabei gibt es mehrere Programmblöcke, die je etwa eine Stunde dauern. Jeder Programmblock hat ein eigenes Thema und umfasst mehrere Kurzfilme zu diesem Thema.

2 **Geh auf die Website der Kurzfilmnacht. Such die Informationen für die Tabelle und notier sie.**

Städte, in denen die Kurzfilmnacht stattfindet: _____

_____

_____

_____

Stadt in meiner Nähe: _____

Datum der Kurzfilmnacht in meiner Nähe: _____

Veranstaltungsort: _____

Themen der Programmblöcke: _____

_____

_____

Eintrittspreise: _____

3 **In der Schweiz gibt es viele Filmfestivals. Geh auf die Website *www.film-festivals.ch* und notier die Städte, in denen jährlich ein Filmfestival stattfindet, und den Namen des Festivals.**

10 Kreativität

Inhalt

Das kann ich.

Ich kann den beruflichen Werdegang eines Fotografen verstehen.	☺	😐	☹
Ich kann einen Text über ein kreatives Hobby verstehen.	☺	😐	☹
Ich kann einen Dialog über ein kreatives Hobby schreiben und vortragen.	☺	😐	☹
Ich kann einen Vortrag über ein kreatives Hobby vorbereiten und halten.	☺	😐	☹
Ich kann eine Liebesgeschichte erfinden und schreiben.	☺	😐	☹

Vom Hobby zum Beruf

1 Lies den Titel und schau die Fotos an. Schreib in 2 bis 3 Sätzen, für wen professionelle Fotografinnen und Fotografen arbeiten und was sie fotografieren.

2 Lies die einzelnen Etappen, wie ein Hobbyfotograf zum Berufsfotografen werden kann, und nummerier eine mögliche Abfolge.

meine Vermutung   Mirko Ostojic

☐ eine Lehrstelle suchen   ☐

☐ an einem Jugendfotowettbewerb teilnehmen   ☐

☐ 1 ☐ in den Ferien einen Fotokurs besuchen   ☐

☐ sich selbstständig machen   ☐

☐ das Arbeitspensum im Beruf reduzieren   ☐

☐ eine kleine Fotoreportage für eine Zeitung machen   ☐

☐ erste grössere Aufträge erhalten   ☐

☐ eine Berufsausbildung machen   ☐

☐ Bücher über Fotografie lesen   ☐

3 Hör das Interview mit dem Berufsfotografen Mirko Ostojic und notier in Aufgabe 2, wie sein beruflicher Werdegang verlief.

T 37

Mirko Ostojic, Berufsfotograf

4 Ordne die Ausdrücke den Definitionen zu.

1. das Arbeitspensum ständig reduzieren ☐
2. einen Plan B haben ☐
3. eine Fotoreportage machen ☐
4. eine Stammkundschaft haben ☐
5. den ersten Preis gewinnen ☐
6. Buchhaltung führen ☐
7. Nachwuchsfotografen fördern ☐
8. Talent haben ☐
9. sich selbstständig machen ☐

☐ junge Fotografen unterstützen **a.**

☐ Gewinner eines Wettbewerbs sein **b.**

☐ eine eigene Firma gründen **c.**

☐ für eine Tätigkeit begabt sein **d.**

☐ eine Alternative haben, falls die erste Wahl nicht klappt **e.**

☐ immer weniger Prozent angestellt sein **f.**

☐ alle Geldbeträge notieren, die eine Firma einnimmt und ausgibt **g.**

☐ Kundinnen und Kunden haben, die immer wieder Aufträge geben **h.**

☐ von einem Ereignis verschiedene Fotos machen **i.**

5 Hör das Interview nochmals und notier die Ausdrücke in Aufgabe 4 in der Reihenfolge, in der sie im Interview vorkommen.

Eine kreative Tätigkeit

1   Lies den Titel des Texts auf Seite 117 und schau das Bild an. Was kommt dir dazu in den Sinn? Notier Stichworte.

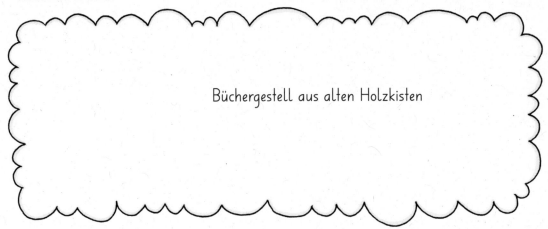

Büchergestell aus alten Holzkisten

2   Lies den Lead, das heisst welchen Abschnitten unter dem Titel des Texts auf Seite 117. Ergänz weitere Stichworte in Aufgabe 1.

3   Lies die folgenden Zwischentitel. Zu welchen Abschnitten gehören sie? Lies den ganzen Text auf Seite 117 und notier die Zeilennummern in die Tabelle.

Zwischentitel	Zeilennummern
Upcycling statt Abfall und Konsum	Zeilen ____ bis ____
Die Abfallweltmeister	Zeilen ____ bis ____
Alles eignet sich	Zeilen ____ bis ____
Kein neuer Trend	Zeilen ____ bis ____

4   Lies den ersten Abschnitt genau. Markier, was mit dem Abfall geschieht.

5   Lies den zweiten Abschnitt genau. Markier das Beispiel für Upcycling.

6   Lies den dritten Abschnitt genau. Markier, was man alles upcyceln kann.

7   Lies den vierten Abschnitt. Markier die zwei Gründe, warum Upcycling nichts Neues ist.

8   Lies nochmals den ganzen Text. Fass jeden Abschnitt in ein bis zwei Sätzen zusammen.

Upcycling – aus Alt wird Neu

Was wir nicht mehr brauchen, landet meist im Abfall. Upcycling zeigt, dass es auch anders geht. Beim Upcycling erhalten ausgediente Gegenstände, Kleider und Verpackungen ein zweites Leben. Was früher eine Notwendigkeit war, ist heute eine kreative Art, die Umwelt zu schonen.

1   Eine leere Chipsdose, ein altes T-Shirt, ein unge-brauchtes Snowboard, ein kaputter Veloschlauch: Muss das wirklich alles im Abfall landen? 716 Kilogramm Abfall: So viel wirft eine Person in der Schweiz
5 pro Jahr weg und von Jahr zu Jahr wird es mehr. Wenn es um Abfall geht, ist die Schweiz praktisch Weltmeisterin. Sie produziert so viel Abfall wie fast kein anderes Land auf der Welt. Das ist ein trauriger Rekord. Immerhin: Nur die eine Hälfte dieses Abfallbergs
10 wird verbrannt. Die andere Hälfte wird separat gesammelt und in grossen Fabriken *recycelt*, also *wieder*verwertet. Altglas wird bei 1600 Grad eingeschmolzen und neues Glas daraus hergestellt, Altpapier wird zu einem Brei verarbeitet, aus dem es
15 dann Recyclingpapier gibt. So entsteht ein Kreislauf oder *cycle* auf Englisch. Rohstoffe wie Glas, Metall oder Papier können so mehrmals benutzt werden und gehen nicht verloren wie beim normalen Abfall, der verbrannt wird.

20   Recycling ist aber oft sehr kompliziert und verbraucht viel Energie. Deshalb haben umweltbewusste Personen begonnen, ihrem Abfall auf kreative Weise eine neue Funktion zu geben. Das nennt man *Upcycling*, was auf Deutsch so viel heisst wie
25 *auf*werten. Statt ein T-Shirt wegzuwerfen, näht man daraus zum Beispiel eine Einkaufstasche. So erhält das T-Shirt eine längere Lebensdauer und muss nicht in einem komplizierten Prozess zu einem neuen Stoff recycelt werden. Gleichzeitig muss man auch keine
30 neue Tasche kaufen, die zuerst aufwendig produziert wurde und die man vielleicht nach einem Jahr wieder wegwirft. Stattdessen nimmt man etwas, was man hat, und macht etwas anderes daraus, was man braucht oder möchte.

35   Wer selber mit Upcycling beginnen will, hat es leicht, denn zum Upcyceln eignet sich eigentlich fast alles, was man nicht mehr braucht. Aus alten Koffern, Kisten, Skiern oder Snowboards entstehen Tische, Regale oder Kleiderständer. Aus Aludosen werden
40 Laternen, aus PET-Flaschen ein Pflanzgefäss oder Adventskalender, aus Glasflaschen eine Wasserkaraffe oder Blumenvase. Alles, was es braucht, ist Fantasie und ein bisschen handwerkliches Geschick.

    Obwohl die Bezeichnung Upcycling modern
45 klingt, ist es grundsätzlich nichts Neues. In der Schweiz war es früher für die meisten Leute normal, dass man Kleider und Gegenstände nicht einfach wegwarf, sondern so lange wie möglich nutzte. Die Leute mussten mit ihrem Geld sparsam umgehen
50 und konnten sich nicht immer etwas Neues leisten. Da musste man oft improvisieren und aus einem Mantel eine Jacke nähen oder aus zwei kaputten Stühlen einen ganzen bauen. Heute ist das nicht mehr so. Wir sind es gewohnt, dass wir ständig Dinge
55 kaufen und wegwerfen können. Upcycling ist ein Gegentrend zu dieser Wegwerfmentalität und möchte wieder ins Bewusstsein rufen, dass Kleider und Gegenstände einen Wert haben. Neu steht dahinter jedoch der Umweltgedanke. Upcycling will unnötigen
60 Konsum und Abfall vermeiden. Was früher also aus Geldnot geschah, ist heute eine kreative Art, die Umwelt zu schonen.

Woher hast du das?

1 **Hör die Dialoge und lies mit.**

T38 –
T39

Dialog 1

💬 Hey, hast du eine neue Handyhülle? Die ist ja cool!

💬 Findest du? Das freut mich, danke.

💬 Woher hast du sie?

💬 Die habe ich von einem 3D-Drucker drucken lassen.

💬 Wie bitte? Wie soll das denn gehen?

💬 Im Internet findet man verschiedene 3D-Vorlagen für Handyhüllen. Man kann eine Vorlage auswählen, sie individuell gestalten und dann drucken lassen.

💬 Hast du etwa einen 3D-Drucker zu Hause?

💬 Nein, 3D-Drucker sind recht teuer. Aber auf der Website, auf der man die Vorlagen aussuchen kann, gibt es auch einen Druckservice. Dort kann man die Datei der Vorlage hochladen und bekommt dann die Handyhülle per Post zugeschickt.

💬 Hm, also etwa so, wie wenn man bei einem Fotoservice eine Fotodatei hochlädt und die gedruckten Fotos zugeschickt kriegt. Das klingt gar nicht so kompliziert. Und wie viel kostet so was?

💬 Für meine Handyhülle habe ich 55 Franken bezahlt.

💬 Wie viel?! Das finde ich jetzt aber ziemlich teuer für eine Handyhülle.

💬 Natürlich kann man billigere haben, aber ich wollte meine etwas komplizierter gestalten.

💬 Und sie ist wirklich sehr schön geworden. So eine Hülle würde mir auch gefallen. Zeigst du mir mal, wie das geht?

💬 Natürlich. Wir könnten uns am nächsten Samstag bei mir zu Hause treffen.

💬 Super, Samstag nach dem Mittagessen, okay?

💬 Sicher!

Dialog 2

💬 Hey, hast du eine tolle Tasche!

💬 Danke für das Kompliment. Ich finde sie auch super.

💬 Ist die neu?

💬 Die habe ich selber gemacht.

💬 Was? Wie bist du auf diese Idee gekommen?

💬 Ich hatte eine alte Jeans von meinem Bruder, die er wegwerfen wollte. Da habe ich mir gedacht, dass man daraus etwas machen könnte.

💬 Und da hattest du die Idee, eine Tasche zu machen?

💬 Nicht direkt. Ich habe im Internet mit den Begriffen *alte Jeans* und *basteln* gesucht und bin so auf viele lustige Ideen gekommen, vom Sofaüberzug bis zur Handtasche.

💬 Hm, und da wird auch erklärt, wie man die Tasche näht?

💬 Ja, aber die Anleitungen fand ich oft zu ungenau. Deshalb habe ich zusätzlich noch Video-Tutorials gesucht. Die habe ich dann befolgt und so die Tasche gemacht.

💬 Das ist ja super! Hättest du Lust, mir zu zeigen, wie man das macht?

💬 Dazu brauchst du mich nicht. Mit einem Video-Tutorial ist das ganz einfach. Ich kann dir ja den Link schicken, wenn du möchtest.

💬 Ja, gern. Dann probiere ich das auch mal.

2   Wählt eine Situation, zu der ihr einen Dialog wie in Aufgabe 1 schreiben wollt.

Situation 1

A trägt ein originelles Kleidungsstück. B findet dieses sehr schön und möchte wissen, woher A dieses hat. A hat es aus zwei alten Kleidungsstücken selber genäht. B fragt, woher die Idee stammt und wie man das macht.

Situation 2

Überlegt euch selbst eine Situation, in der A etwas Selbstgemachtes hat und B sich dafür interessiert.

3   Schreibt den Dialog zur gewählten Situation aus Aufgabe 2. Benutzt dazu auch die folgenden Formulierungen.

ein Kompliment machen	Das ist aber ein/eine wunderschöner/-es/-e … Dein/deine … gefällt mir sehr. Wow, was für ein/eine fantastischer/-es/-e … Oh, so einen/-e schönen/-es/-e … habe ich noch nie gesehen. Kompliment!
auf ein Kompliment reagieren	Danke! Danke für das Kompliment. Danke, es ist aber nichts Besonderes. Das freut mich.
nach der Herkunft fragen	Woher hast du das? Wie bist du dazu gekommen? Hast du das selber gemacht?
die Herkunft erklären	Ich habe die Idee von/aus … Die Idee stammt von … Das habe ich von/aus … kopiert. Ich habe das in … gefunden/gesehen.
einen Vorschlag machen	Könntest du mir das mal zeigen? Wie wäre es, wenn … Was meinst du dazu, wenn … Wir könnten so etwas mal zusammen machen. Was meinst du?
auf einen Vorschlag reagieren	Warum nicht? Sicher, das könnten wir … Das kannst du auch alleine, denn … Das ist so einfach, dass …

4   Lernt euren Dialog nach der Korrektur auswendig sprechen und spielt ihn der Klasse theatralisch vor.

Vortrag: Upcycling – aus Alt wird Neu

1 Der Text auf Seite 117 ist Grundlage für den Vortrag. Falls du die Aufgaben dazu auf Seite 116 noch nicht bearbeitet hast, dann lös sie zuerst.

2 Lies die Zwischentitel und die Formulierungen. Notier die Zwischentitel in die Vortragsstruktur.

> Upcycling früher und heute
>
> Die Umwelt kreativ schonen
>
> Wie kann man upcyceln?
>
> Was ist Upcycling?

Upcycling ist ein englischer Begriff und bedeutet übersetzt ...
Man benützt diesen Begriff, wenn jemand etwas nicht wegwirft, sondern ...
Will jemand beispielweise ein T-Shirt nicht mehr, dann ...
Auf diese Weise erhält ...
Zudem muss man ...
Allgemein könnte man also sagen, dass man beim Upcycling nimmt, was ... und ...

Grundsätzlich ist Upcycling ...
Früher konnten sich die Leute ...
Stattdessen war es völlig normal, ...
Zum Beispiel bauten die Leute ... oder nähten ...
Die Leute wussten, dass jedes Kleidungsstück ...
Heute hingegen ...
Upcycling will wieder bewusst machen, dass ...
Dazu kommt neu auch ...
Bei Upcycling geht es immer auch darum, Abfall ...

Warum ist dieser Umweltgedanke beim Upcycling heute wichtig?
Das hat damit zu tun, dass in der Schweiz pro Jahr ...
Wir produzieren ...
Zwar wird die Hälfte davon recycelt, aber ...
Altglas zum Beispiel ...
Das braucht extrem viel Energie.
Stattdessen könnte man aus einer Glasflasche ...

Zum Upcyceln eignet ...
Aus einem alten Snowboard oder Ski ...
Aber auch Verpackungen ...
Aus PET-Flaschen kann man ... , aus Aludosen ...
Upcycling braucht einfach ein bisschen ... und ...

---

3 Notier die Zwischentitel und passenden Stichworte auf die vier Folien. Falls du mehr Informationen brauchst, lies den Text im Themenbuch auf Seite 117 nochmals.

4 Schreib deinen Vortrag mithilfe der Formulierungen in Aufgabe 2 und lass ihn korrigieren.

5 Erstell die Folien am Computer mit deinen Notizen aus Aufgabe 3.

6 Führ die Internetrecherche durch. Gestalte dazu weitere Folien mit Stichworten.

1. Gib im Suchfeld die Begriffe *Upcycling* und *Projekt* oder *Anleitung* ein.
2. Such eine Anleitung für ein Projekt, das man einfach zu Hause umsetzen kann.
3. Notier die wichtigsten Informationen dazu:
   – Was wird hergestellt und was ist das Ausgangsmaterial?
   – Welche Werkzeuge oder Arbeitsmaterialien brauchst du dafür?
   – Warum gefällt dir dieses Projekt?
4. Such ein paar passende Bilder, um dein Projekt vorzustellen.

7 Ergänz deine Präsentation mit passenden Bildern sowie einer Titel- und einer Schlussfolie.

8 Lern deinen Vortrag nach der Korrektur mit den Folien frei sprechen.

9 Halte deinen Vortrag. Das Publikum gibt Rückmeldungen dazu.

10 Notier, was dir in diesem Vortrag gut gelungen ist.

Kreatives Schreiben

1 Hör und lies den Text. Klär die Wörter.

T40

Die erste grosse Liebe

Es war Samstagnachmittag und der Grillplatz füllte sich mit Leuten. Valentina stand am Grill und begrüsste ein paar Freunde. «Schön, dass ihr da seid! Das Feuer ist schon fast bereit. Den Salat könnt ihr dort drüben hinstellen und die Getränke sind am Fluss unten.» Drei Tage hatte sie mit ihrer besten Freundin Clara das Grillfest vorbereitet und nun freute sie sich, dass so viele Leute kamen. Als Valentina sich wieder zum Grill umdrehen wollte, fiel ihr ein Junge auf, der etwas abseits stand und zu ihr herüberblickte. «Ich glaube, du gefällst ihm», hörte sie Clara neben sich sagen. «Und wer ist das? Kennst du ihn?», fragte Valentina neugierig. «Klar, das ist mein Cousin Livio. Komm, ich stelle ihn dir vor», lachte Clara und zog Valentina mit sich fort. Valentina und Livio kamen schnell ins Gespräch und merkten am Schluss nicht, dass sie den ganzen Abend miteinander verbracht hatten.

Am nächsten Morgen rief Clara Valentina an. «Und, von wem hast du geträumt?», fragte sie ihre Freundin scherzend. Valentina seufzte: «Du bist so doof!» – «Ach ja? Dann soll ich Livio deine Telefonnummer also lieber nicht geben? Er hat mich nämlich danach gefragt ...» Als Valentina das hörte, hätte sie die ganze Welt umarmen können. Noch am selben Abend verabredete sie sich mit Livio am Fluss. Sie badeten, assen Chips und redeten, bis Valentina nach Hause musste. Als sie an der Bushaltestelle auf Valentinas Bus warteten, fasste Livio sie plötzlich an beiden Händen und fragte ein wenig schüchtern: «Sehen wir uns bald wieder?» Valentina lächelte nur, küsste ihn auf den Mund und stieg dann mit klopfendem Herzen schnell in den Bus ein.

«Warum meldet er sich nicht?», fragte sich Valentina unruhig. Schon den ganzen Morgen hatte sie auf eine Nachricht von Livio gewartet, aber es kam einfach keine. Schliesslich hielt sie es nicht mehr aus. «Bist du gestern noch gut nach Hause gekommen?», schrieb sie nach einigem Zögern. «Ja, danke, aber ich bin ein wenig verwirrt», kam kurz darauf die Antwort. Und dann die Frage: «Sind wir jetzt zusammen?» Valentina überlegte. Der Abschiedskuss war ein Impuls gewesen. Sie hatte sich gar keine Gedanken gemacht, was er bedeutete. «Lass uns das gemeinsam herausfinden. Wie wär's mit morgen Abend?» Mit einem mulmigen Gefühl schickte Valentina die Nachricht ab. Was, wenn Livio sie jetzt blöd fand? Sie machte sich hundert Sorgen. Doch die Antwort liess nicht lange auf sich warten. «Am liebsten schon heute!»

In den darauffolgenden Wochen waren Valentina und Livio im siebten Himmel. Sie trafen sich, wann immer es möglich war, und schrieben sich jeden Tag. Da Livio zwei Jahre älter war als Valentina, kannte er einige Clubs in der Stadt und nahm sie an Partys mit. Als Valentina aber eines Nachts erst nach drei Uhr nach Hause kam, war die Hölle los. «Du weisst genau, dass du nicht so spät heimkommen darfst!», schimpfte ihre Mutter. «Warum? Ich bin doch kein Kind mehr!», protestierte Valentina wütend. Aber ihr Vater erklärte: «Die Regeln sind klar. Wir haben abgemacht, dass du spätestens um zwölf Uhr zu Hause bist. Wenn Livio länger unterwegs sein möchte, ist das seine Sache. Aber von dir erwarten wir, dass du unsere Abmachungen einhältst.» Die Mutter fügte hinzu: «Seit du mit Livio zusammen bist, nimmst du überhaupt nichts mehr ernst! So geht das nicht!»

In der nächsten Zeit hatte Valentina immer viel zu tun. Erstens musste sie mehr für die Schule arbeiten und Bewerbungen schreiben. Zweitens verbrachte sie viel Zeit in der Kletterhalle, da sie es liebte zu klettern. Drittens wollte sie auch genug Zeit mit ihren Freundinnen verbringen. So sahen sich die beiden meistens nur am Wochenende. Livio war damit nicht zufrieden, weil er Valentina gern öfter gesehen hätte. Als sie sich an einem Sonntagabend verabschiedeten, sagte er enttäuscht: «Warum hast du eigentlich so wenig Zeit für mich? Ich glaube, deine Freundinnen und dein Hobby sind dir wichtiger als unsere Beziehung!» Valentina entgegnete erstaunt: «Das stimmt doch nicht, du bist mir auch wichtig. Aber deswegen will ich nicht mein ganzes Leben verändern.» So begannen sie einen heftigen Streit. Livio verstand einfach nicht, warum Valentina ihn nicht häufiger sehen wollte. Dagegen sah Valentina nicht ein, warum sie auf die Zeit mit ihren Freundinnen oder auf ihr Hobby verzichten sollte. Sie stritten so lange, bis Livio meinte: «Vielleicht brauchen wir mal eine Pause.» Da Valentina nun auch wütend war, stimmte sie ihm zu und ging ohne Abschiedskuss weg.

2 Lies den Text in Aufgabe 1 nochmals und markier im Balken links die Abschnitte mit den folgenden Farben.

Zusammen oder nicht?   Streit mit den Eltern   Der erste Kuss

Die Begegnung   Die Auseinandersetzung

3 Einige Liebesgeschichten haben ein trauriges Ende, andere haben ein glückliches Ende, ein sogenanntes Happy End. Lest die folgenden Situationen und diskutiert, wie die Liebesgeschichte weitergehen soll.

Situation 1

Livio hat Valentina sehr vermisst und bereut, dass es zum Streit gekommen ist. Er versteht jetzt, dass Valentina auch für anderes Zeit braucht. Aber Valentina hat in den vergangenen drei Wochen gemerkt, dass ihr die Freundinnen und ihre Hobbys viel mehr bedeuten als Livio. Sie will deshalb Schluss machen.

Situation 2

Livio und Valentina haben einander vermisst und viel über ihren Streit nachgedacht. Sie haben sich beide überlegt, was sie ändern könnten. Schliesslich einigen sie sich auf einen Kompromiss. Sie finden eine Lösung, einander häufiger zu sehen, ohne dass Valentina zu viel aufgeben muss.

4 Wählt eine Situation aus und schreibt das Ende der Geschichte. Lasst den Text von der Lehrperson korrigieren.

5 Lest euer Ende der Geschichte der Klasse vor und wählt anschliessend das beste Ende.

6 Bearbeitet im Arbeitsheft auf Seite 115 das Kapitel «Projekt: Liebesroman».

10

Ein Jugendkulturhaus

1   Schau das Schülerplakat auf Seite 125 an und lies die Texte.

2   Such auf der Website des *Dynamo* zusätzliche Informationen und notier sie.

1. Name und Ort

_____

2. Geschichte

_____

_____

_____

3. Restaurant

_____

_____

4. Veranstaltungen

_____

_____

5. Kurse

_____

_____

6. private Anlässe

_____

_____

7. Werkbereich

_____

_____

8. weitere Informationen

_____

_____

3   Sucht in eurer Umgebung einen Treffpunkt für Jugendliche und junge Erwachsene mit verschiedenen Angeboten. Recherchiert im Internet, was man dort alles machen kann. Erstellt dazu ein Plakat, das ihr im Schulhaus aufhängen könnt. Beachtet, dass die Texte korrekt geschrieben und die Inhalte wahrheitsgetreu sein müssen.

4   Bearbeite im Arbeitsheft auf Seite 124 das Kapitel «Landeskunde im Überblick».

Das Dynamo – ein Zentrum für junge und jung gebliebene Leute

Das Jugendkulturhaus *Dynamo* ist ein Ort, wo nicht nur junge Leute ein breites Angebot an Freizeitbeschäftigungen finden. Das *Dynamo* gehört der Stadt Zürich und befindet sich in der Nähe des Hauptbahnhofs Zürich am Ufer der Limmat.

Geschichte

Ganz am Anfang, von 1772 bis 1842, war am Ort des jetzigen *Dynamo* ein Heilbad. Danach braute man dort Bier. Ab 1906 gehörte das Areal der Stadt Zürich. Es wurde lange diskutiert, was die Stadt mit dem Areal machen sollte. 1988 wurde dort schliesslich das Jugendkulturhaus *Dynamo* eröffnet. Es bietet jungen Leuten ab 16 Jahren viele Möglichkeiten, sich künstlerisch und kulturell zu betätigen.

Kurse

Das Kursangebot im *Dynamo* ist riesig. Es reicht vom Siebdruck über die Metallbearbeitung bis zum Schnitzen von Gemüsen und Früchten. Es gibt auch Kurse, in denen man lernt, sein Velo oder Snowboard zu reparieren. Und wenn man sich entspannen möchte, kann man einen Yogakurs besuchen.

Werkbereich

Im *Dynamo* gibt es einen grossen Bereich mit Werkstätten, vom Grafikatelier über ein Nähatelier bis zur Metallwerkstatt. Die Maschinen und Werkzeuge kann man für die eigenen Kreationen frei benutzen. Dafür muss man aber einen kleinen Betrag bezahlen.

Restaurant

Zum *Dynamo* gehört auch ein Restaurant. Es bietet verschiedene Getränke an, am Mittag warme Gerichte und Snacks. Da das *Dynamo* gleich am Fluss liegt, heisst das Restaurant *Chuchi am Wasser*.

Veranstaltungen

Im *Dynamo* werden Konzerte und Partys veranstaltet. Es gibt aber auch andere Veranstaltungen wie Improvisationstheater oder Tanzaufführungen.

private Anlässe

Für private Anlässe wie zum Beispiel Geburtstage oder Schulabschlüsse kann man verschieden grosse Räume mieten.

weitere Informationen

Alle aktuellen Kurse und Veranstaltungen sowie weitere Informationen findet man im Internet unter www.dynamo.ch.

Bildnachweis

Notizen

Notizen